中国人要知道的中国事儿

文赋卷

毵然 编著

华夏出版社

图书在版编目（CIP）数据

中国人要知道的中国事儿·文赋卷 / 嵇然编著. —— 北京：华夏出版社，2013.10
ISBN 978-7-5080-7772-7

Ⅰ.①中… Ⅱ.①嵇… Ⅲ.①中华文化－青年读物 ②中华文化－少年读物 ③中国文学－古代文学史－青年读物 ④中国文学－古代文学史－少年读物 Ⅳ.①K203-49 ②I209.2-49

中国版本图书馆CIP数据核字（2013）第183360号

中国人要知道的中国事儿·文赋卷

作　　者：	嵇　然
责任编辑：	李春燕
封面设计：	锋尚设计

出版发行	华夏出版社
经　　销	新华书店
印 装 厂	北京汇林印务有限公司
版　　次	2013年10月第1版　2013年10月第1次印刷
开　　本	720×1000　1/16
印　　张	14
字　　数	222千字
定　　价	29.80元

华夏出版社　网址：www.hxph.com.cn　地址：北京东直门外香河园北里4号　邮编：100028
若发现本版图书有印装质量问题，请与我社营销中心联系调换。　电话：(010) 64663331（转）

目 录 CONTENTS

1/ 仓颉造字
5/ 古代的科举用书——《四书》
10/ 《六经》的四个误解
13/ 中国第一部诗集——《诗经》
18/ 中国最早的国别体史书——《国语》
22/ 春秋时期的历史画卷——《左传》
26/ 吕不韦和他的百科全书《吕氏春秋》

30/ 中国文学史上最长的抒情诗——《离骚》
35/ 司马迁矢志著《史记》
40/ 中国第一部纪传体断代史——《汉书》
44/ 《人物志》里的"识人"秘诀
48/ 陈寿和他的《三国志》
52/ "洛阳为之纸贵"的《三都赋》
56/ 开创古代神话小说先河的《搜神记》
60/ 阅读《三国志》的工具书——《三国志注》

64/ 肯定女性历史作用的史书——《后汉书》
68/ "志人小说"的代表作——《世说新语》
72/ 中国第一部系统文艺理论巨著——《文心雕龙》
77/ 我国古代第一部诗论专著——《诗品》
82/ 颜之推的教育启示录——《颜氏家训》
86/ 乐府双璧之《木兰辞》
91/ 唐初大儒孔颖达编纂《五经正义》
94/ 改革初唐文风的初唐四杰
99/ 我国历史上最伟大的浪漫主义诗人——诗仙李白

104/ 追求自由的女冠诗人——李冶
109/ "总括万殊,包吞千有"的史论巨著——《史通》
114/ 在"诗圣"杜甫的诗歌中品味历史
119/ 中国第一部专门论述典章制度的通史——《通典》
124/ 新乐府运动的代表作——《秦中吟》
129/ 晚唐杰出诗人杜牧
134/ 一部潜藏于历史深处的诡异奇书——《酉阳杂俎》
137/ 李商隐的无题诗

141/ 花间词派鼻祖温庭筠

145/ 鱼玄机成为豪放女的心路历程

151/ 诗词兼工的倾世皇妃花蕊夫人

156/ 醉翁欧阳修

161/ 司马光呕心沥血编《通鉴》

165/ 如天地奇观的东坡词

170/ 中国历史上最著名的女词人李清照

175/ 有"小李白"之称的爱国诗人陆游

181/ 忠君爱国的词人辛弃疾

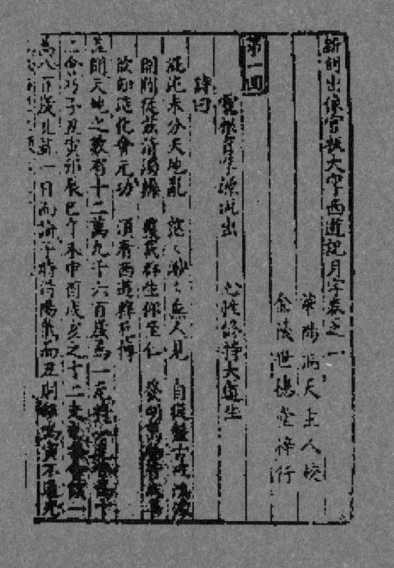

186/ 一代文宗元好问

191/ 施耐庵铺叙百人传

194/ 古典文学瑰宝《三国演义》

198/ 吴承恩虚构神魔小说《西游记》

203/ 蒲松龄和他的妖仙鬼怪

207/ 古典长篇讽刺小说——《儒林外史》

211/ 曹雪芹辛酸创作《红楼梦》

215/ 开批判现实之风的《官场现形记》

华夏

仓颉造字

文字是推动人类文明发展的助推器。在远古时代，有一位大贤，他在中国这片美丽的土地上首先发明了文字。自此之后，文字就开始伴随着人类文明的传播与发展，和这片土地上的人民一起成长，让这片土地的精神文明通过文字传向后世。这位大贤叫做"仓颉"。

仓颉，原姓侯冈，名颉，号史皇氏，陕西省白水县杨武村鸟羽山人。他曾经是轩辕黄帝左史官，是我国原始象形文字的创造者。据说他观天象，学万物，首创了"鸟迹书"，堪称人文始祖。黄帝认为他功绩过人，就赐给他"仓"姓，意思是：君上一人，人下一君。甚至传说由于仓颉造字的功德感动了上天，上天便让他位列仙班，并赐给人间一场谷子雨，来表示对仓颉功劳的肯定，从此之后，下谷子雨的那一天便成了沿用至今的"谷雨"节气。

仓颉在黄帝手下当官的时候，黄帝专门让他管理内务，那个时候的内务就是记录圈里牲口的数量，粮仓里粮食的多少。可是随着生产力的发展，圈里的牲口数量增加了很多，粮仓里的粮食也装不下了，于是，仓颉用系绳结的办法记录这些变化，一个绳结代表一件需要注意的事情或变化，逐渐地，绳子上打满了结，就连仓颉也无法分清每一个绳结代表什么意思了。无奈之下，仓颉只好另想办法，他用不同颜色的贝壳代替绳结，这样就避免了大面积的混淆。刚开始用贝壳记事的时候，仓颉将各项事务记录得很清楚，深受黄帝的赞赏，于是黄帝让他掌管记录。渐渐地，贝壳记事也无法清楚地记录各项事情了，仓颉急需一种新的记录方法来满足生产力增长的需求。

有一次，仓颉所在的黄帝部落和炎帝部落谈判，黄帝让仓颉整理出近几年来炎帝部落杀死黄帝部落民众的数量和证据。接到命令后，仓颉跑到库房

黄帝像

中将记录这类事情的绳结和贝壳过去很久了,很多绳结和贝壳了,结果,由于很多事情仓颉没有记起来,在和炎帝部落的谈判中,黄帝部落吃了大亏。谈判结束后,黄帝很不高兴,狠狠地批评了仓颉。仓颉的失误给部落造成了很大的损失,因此他内心一直很内疚。于是,仓颉下定决心,一定要找到一种方法来改变这种状况,他不能允许自己再犯这种错误。可是究竟该怎么做呢?人的大脑毕竟不是万能的,有些记忆会随着时间的流逝而被遗忘,要想避免这类事情再次发生,就不能再依赖大脑记忆。仓颉想:"我以前用贝壳记事的办法也是很好的,不同的贝壳可以代表不同的含义,只是贝壳的种类没有那么多,所以它无法满足记录的需求,要是能创造出一些特定的符号来记录,那么记录岂不是就变得很轻松了?"于是仓颉决定创造出一种简单易记的符号,让大家都能用符号表达自己的想法,记录重要的事情。

有了想法并不意味着成功,仓颉在家中想了很多天,却仍然没有头绪,造字的艰难让他吃不下饭,睡不好觉。看着逐渐消瘦的儿子,仓颉的母亲也十分焦急,她对仓颉说:"不要总是待在家里,出去走一走吧,和大家多交流，一个人的力量毕竟是有限的，说不定在外面你会找到灵感呢！"

于是，仓颉听从了母亲的建议，每天和部落的人一起交流，希望从中获得启发。有一次，仓颉参加了部落的集体狩猎，当他随着猎人来到一个三岔路口时，几位猎手发生了分歧：有的人说要朝西走，那里有羚羊；有的人说要朝东走，说那里有鹿群；而有的人要走中间，说那里有只老虎，如果不管的话，会对部落造成很大的威胁。仓颉听见他们的争吵，觉得很奇怪，他们是怎么知道每一条路上有什么动物呢？带着疑问，仓颉向猎人们请教，猎人们告诉他，不同的动物有不同的脚印，根据脚印可以判断出什么地方有猎物，有什么猎物。其实，世间万物都有自己的特点，只要你仔细观察，就会发现它们的与众不同。听了猎人的话，仓颉猛然醒悟：既然世间万物都有自己的特点，我何不模仿它们造出一些独特的符号来用于生活和生产呢？

就这样，仓颉忍着心中的狂喜，快步向家中跑去。回到家中，仓颉收拾好行囊，开始出门远行。白天，他感受流水，仰望高山，观察各种动植物的形态。晚上，他躺在野外观察星辰变幻。几年的远行让仓颉累瘦了，脚上也磨出了厚厚的老茧，等他回到家的时候，妻子差点将脏兮兮的、满脸胡子的仓颉当成陌生人。但是，仓颉觉得这一切都是值得的。经过简单的休整之后，仓颉着手整理这几年收集的资料，开始了自己的创造。

为了不受外界的影响，仓颉独自一人住进了村外的山中，不和他人接触，以免受到干扰，甚至连饭也顾不上回家吃，每天都由妻子送到山下，等自己休息的时候再吃。当时的社会，还没有什么好的书写工具，仓颉就拿着石块在山洞中刻，刻完一个山洞就换另一个山洞，直到刻了整整三个山洞，仓颉才将这几年收集的资料转化成特定的符号，并将这些符号叫做"字"。

等仓颉回到家里，妻子和母亲看到他憔悴的面孔，都很心疼，劝他在家好好休息，但是仓颉并未听从家人的意思。仓颉想：我所创造的文字现在只有我一个人懂，我得赶紧向首领汇报，争取将我创

造的文字以最快的速度在部落中推广开来。等见到黄帝之后，仓颉告诉黄帝，这些字都是他仿照万物生灵的形态造出来的。比如"日"字，是依照着太阳圆圆的形状和其发光的样子创造的；比如"月"字，是他看见月牙之后，根据月牙的形态造的；比如"人"字，是根据人有两条腿、一个身躯而想出来的；像"爪"字，是观察着鸟兽的爪印创造的；像"水"字，是观察流水的形态而创的……这些字体都比较形象，所以记忆起来比较容易。黄帝听完后十分高兴，命令仓颉向各个村落的百姓教授那些字体。就这样，仓颉创造的字在黄帝部落流传开来，传遍了华夏大地。

仓颉这位对华夏文明传承做出巨大贡献的史前传说人物，在我国古代战国以前的典籍中都从未提及。最早提及仓颉者，是战国时期的荀卿，后来，"仓颉造字"的传说便广泛流传开来。传说中的仓颉有"双瞳四目"。在中国历史记载中，有重瞳的人只有虞舜、仓颉、项羽三人。虞舜是禅让的圣人，孝顺的圣人，仓颉是文圣人，项羽则是武圣人。

自从有了文字，人类文明得到了快速发展，文化的传播终于有了媒介。几千后的今天，我们仍然用文字传递自己的思想，表达自己的感情。作为造字始祖，仓颉对整个社会的贡献是无法估量的。

古代的科举用书
——《四书》

孔孟儒学是中国传流文化的主脉，而《四书五经》则是儒学的经典教科书。古代不同地域的伟大文明都有一个共同的特征，那就是通过建立经典来引导人类的精神生活和文明的不断创造，《四书五经》就是这种经典。

《四书》是指《大学》、《中庸》、《论语》、《孟子》，《五经》是指《诗经》、《尚书》、《礼记》、《周易》、《春秋》，简称为"诗、书、礼、易、春秋"。自西汉以来，经书就被确立为国家的经典，宋代时又被定为科举用书，每个读书人都会熟读经书，就像今天要参加高考的学生必须学好语文数学外语一样。

虽然汉唐是《五经》时代，宋代以后才是《四书》时代。但南宋以后，各朝都开始将《四书》列为科举用书，因而造就了《四书》的独特地位。南宋著名理学家朱熹从《礼记》中取《中庸》、《大学》两篇文章，对其进行分章断句，让其单独成书，与孔子和其再传弟子所编撰、记录孔子言行的《论语》一起，配以记录孟轲言行的《孟子》，合为《四书》。因为《中庸》源自子思，《大学》出自曾子，《论语》有关孔子，《孟子》与孟子相关，它们分别出自早期儒家的四位代表性人物子思、曾子、孔子、孟子，所以称为《四子书》，也称《四子》，简称《四书》。

作为儒学经典，《四书》涵盖了儒家思想的核心内容，也是儒学认识论和方法论的集中体现，具有深刻的教育意义和启迪价值。朱熹认为，"先读《大学》，以定其规模；次读《论语》，以定其根本；次读《孟子》，以观其发越；次读《中庸》，以求古人之微妙处。"（《朱子四书语类·大学》）当然，在当时的生产力条件和文化环境下，《四书》中也不可避免地存在先哲们的一些思想局限，因此，在阅读这些经典时，应当抱着理性客观的态度，能批判地接受其中的精华。

《大学》

《大学》被朱熹列为《四书》之首，因为相传它是孔子及其弟子留下来的遗书，是儒学的入门读物。《大学》原本是《礼记》中的第四十二篇，在南宋前从未单独刊印过。因为相传它是孔子和其弟子所作，也许是名人效应吧，自唐代起，韩愈、李翱为维护道统就十分推崇《大学》。到北宋时，著名的哲学家、教育家程颢、程颐（史称"二程"）更是百般褒扬《大学》，甚至称"《大学》，孔氏之遗书而初学入德之门也"。到了南宋，朱熹继承二程的思想，将《大学》从《礼记》中抽出来，单独成书，成了《四书》之一。

现存的《大学》主要有两个版本，一是最原始的古本，即《礼记》中的《大学》原文；另一个便是流传最广、影响最深远、经朱熹编排整理的《大学章句》本。

朱熹把《大学》重新编排后，分为"经"一章，"传"十章。朱熹认为，"经一章盖孔子之言，而曾子述之；其传十章，则曾子之意而门人记之也。"意思是说，"经"是孔子的话，而曾子记录的；"传"是曾子解释"经"的话，由曾子的弟子记录的。

《大学》提出了"三纲领"和"八条目"。"三纲领"是明德、亲民、止于至善，"八条目"是格物、致知、诚意、正心、修身、齐家、治国、平天下。"三纲领"和"八条目"强调修己是治人的前提，修己的目的是为了齐家、治国、平天下。因此可以将八个条目看做是实现三条纲领的途径。

"三纲领"和"八条目"是在"经"一章中提出的，"传"十章分别解释"明德"、"亲民"、"止于至善"、"本末"、"格物"、"致知"、"诚意"、"正心"、"修身"、"齐家"、"治国"、"平天下"。"三纲目"中的"明德"是指弘扬光明正大的品德；"亲民"是指让人们革旧图新；"止于至善"是指要达到最好的境界。"八条目"的"本末"是指做事要分清主次，抓住根本；"格物"、"致知"是指探究事物的原理来获得知识；"诚意"指要秉承人性中的诚和善；"正心"是要端正自己的心思；

"修身"就是加强自身修养,提高自身素质;"齐家"就是管理好自己的家庭、家族;"治国"、"平天下"是指治理国家的大事。

"大学"是相对"小学"而言,是说它是讲治国安邦的"大学",而不是讲"详训诂,明句读"的"小学"。"小学"主要讲"洒扫应对进退,礼乐射御书数"。而"大学"是大人之学,古人十五岁人学,这时才开始正式学习"大学",即学习伦理、政治和哲学等"穷理正心,修礼治人"的学问,实则是学习如何参与国家政治。

《中庸》

《中庸》原是《小戴礼记》中的一篇,它同《大学》一样,在南宋前也从未单独刊印过,一般认为它出自于孔子的孙子子思之手。唐代的韩愈和李翱、北宋"二程"在推崇《大学》的同时,也极推崇《中庸》,所以朱熹在南宋时便将《中庸》也从《礼记》抽出来,形成了《四书》之一。《中庸》和《孟子》的观点是大体相同的,现存的《中庸》,已经经过秦代儒者的修改,大致写定于秦统一全国后不久。所以经过整理修改后的每篇的叙述方式已经跟《大学》大大不同,不是取正义开头的两个字为题,而是以文章的中心内容为题了。

宋元以后,《中庸》开始成为学校官定的教科书和科举考试的必读书,这对古代教育产生了极大的影响,也奠定了中国人的智慧本性。中庸就是既不善也不恶的人的本性,自古以来,儒家都认为中庸是人性的本原,是人的根本智慧本性,但是实际上,中庸是一种很难把握的"临界点",所以,虽然儒家自古奉行"中庸之道",但是中国人要想真正把握其精髓,还需要继续修炼。

《论语》

《论语》由孔子的弟子及其再传弟子编撰而成。它以语录体和对话形式为主,记录了孔子和他弟子的言行,这些语录体和对话中表现了孔子的政治主张、道德观念、教育原则等。

通行本《论语》共二十篇,其语言简洁精练,含义深刻,其中很多言论至今仍被世人奉为经典。

孔子是《论语》的主人公,《论语》通过其神情语态的描写,将孔子的

孔子弟子图
（局部）

形象生动地刻画了出来。"夫子风采，溢于格言。"（《文心雕龙征圣》）《论语》中除了刻画孔子丰满的人物形象外，还成功刻画了一些孔子弟子的形象，例如率直鲁莽的子路，贤良儒雅的颜回，聪慧善辩的子贡。

孔子因材施教，根据不同的教授对象，给予不同的教导。据《颜渊》载，同是弟子问仁，孔子却有不同的回答。孔子答颜渊"克己复礼为仁"；答司马中"仁者其言也讱"；答仲弓"己所不欲，勿施于人；己所欲，慎施于人"。孔子之所以根据具体教授对象作出不同的应对，是因为颜渊学养高深，所以答以"仁"学纲领，而司马中和仲弓学识相对较浅，所以答以细目。同是问"闻斯行诸"？孔子答子路："又父母在，如之何其闻斯行之！"因为"由也兼人，故退之"。而孔子答冉有说："闻斯行之。"因为"求也退，故进之"。这不仅是教育方法的问题，其中还饱含孔子对弟子的高度责任心。《论语》中所记孔子循循善诱的教诲之言，或简单应答，点到即止；或启发论辩，侃侃而谈；富于变化，娓娓动人。

《孟子》

《孟子》是《四书》中部头最重的一部，一书共七篇（《梁惠王》上、下，《公孙丑》上、下，《滕文公》上、下，《离娄》上、下，《万章》上、下，《告子》上、下，《尽心》上、下），共三万五千多字，记录了战国时期思想家孟子的治国思想和政治策略，是孟子和他的弟子记录并整理而成的。孟子学说的出发点为性善论，他提出"兼爱"、"非攻"，主张德治。孟子是孔子学说的继承者。和孔子一样，孟子也曾带领学生游历各国，宣扬自己的政治主张，并曾一度担任齐宣王的客卿。但是，孟子的政治主张和孔子一样不被重用，所以后来孟子回到家乡聚徒讲学，与学生万章等著书立说，"序《诗》、《书》，述仲尼之意，作《孟子》七篇。"（《史记·孟子荀卿列传》）

《孟子》在汉代时就被汉文帝所推崇，后蜀主孟昶命令人楷书十一经刻石，其中包括了《孟子》，这可能是《孟子》最早列入经书的痕迹。直到南宋朱熹将《孟子》列入《四书》，才正式将《孟子》提到了很高的地位，进而在元明以后被定为科举考试的内容，成为读书人的必读之书了。

清代康涛所绘《孟母断机教子图》

《六经》的四个误解

说起《六经》，很多人可能不太熟悉，但是说到《五经》，很多人就比较熟悉了，因为人们说起儒学经典时，总会将《四书五经》首先摆上桌面，因为这九部著作可以说是儒家最经典的作品了。而《六经》就是在《五经》——《诗》、《书》、《礼》、《易》、《春秋》的基础上加入了《乐》。也有称《六经》为《六艺》的，韩愈《师说》中的"六艺经传皆通习之"中的《六艺》即《六经》。关于《六经》，读者往往有一些误解，今天我们就这些误解来一一纠正。

误解一：《六经》是孔子的作品

据《史记》记载，《六经》基本上都是孔子经过删减、整理而形成的，所以很多人误以为《六经》是孔子的作品，这就跟历史事实不符了。其实《诗》、《书》、《易》、《礼》等在孔子整理前已经有了很长时间的变迁和积累。例如，根据《国语·楚语上》的记载，楚庄王曾经就教育太子箴的问题咨询过申叔时，让他列出一些适合教育皇子们的教材。申叔时回答楚庄王时推荐了六本古书，其中有四本是《六经》里的。申叔时说："教之《春秋》，而为之耸善而抑恶焉，以戒劝其心"，"教之《礼》，使知上下之则"，"教之《诗》，而为之导广显德，以耀明其志"，"教之《乐》，以疏其会合而镇其浮"。推算一下，楚庄王的在位时间是公元前613年至公元前591年，孔子在四十年后的公元前551年诞生，这说明在孔子诞生之前，《春秋》、《诗》、《礼》和《乐》就已经是教育所用的经典教科书了。而《六经》之所以能成为后人推崇的儒家的经典和象征，孔子的"传述"工作确实起到了关键的作用。

另，据《庄子·天道》记载，孔子谓老聃曰："丘治《诗》、《书》、《礼》、《乐》、《易》、《春秋》六经，自以为久矣，孰知其故矣，以奸者七十二君，论先王之道而明周、召之迹，一君无所钩用。甚矣！夫人之难说也？道之难明邪？"老聃曰："幸矣，子之不遇治世之君！夫六经，先王之陈迹也，岂其所以迹哉！今子之所言，犹迹也。夫迹，履之所出，而迹岂履哉！"由此可见，《六经》之名在战国时期已经确立了。《庄子·天下》还记载了《六经》中每一"经"的意义："《诗》以道志，《书》以道事，《礼》以道行，《乐》以道和，《易》以道阴阳，《春秋》以道名分。其数散于天下而设于中国者，百家之学时或称而道之。"

汉刻《春秋》残卷

但是，《六经》经历过战乱和"焚书坑儒"后，后人所说的《六经》和孔子见到的《六经》是否一致，这值得后人探究。有一些学者认为，《书》和《礼》是在战国末期甚至更晚的时候才成书的，那么，很可能我们现在看到的《书》和《礼》，并非孔子当时见到的原本，只是参考了原本的一些文献而已。

误解二：《六经》一直是儒学经典

人们常常约定俗成地将《六经》奉为儒学经典，但是这种说法其实是不严谨的，因为《六经》在刚刚出现时并未被贴上儒学经典的标签，称其为学术经典更为恰当。

首先，促成《六经》形成的关键人物——孔子诞生于公元前551年，逝世于公元前479年，也就是说，他只活动于春秋末年，而他此时并未自称"儒家"，更未将他的学说冠名"儒学"。"儒家"和"儒学"是孔子百年之后后人对他和他的学说的称呼，所以，《六经》并非在其诞生之日就成了"儒学经典"。

其次，我们前面已经从相关资料得到证实，孔子并非是创作《六经》的人，在孔子出生之前，《六经》就已经存在，所以，即使孔子能被称为"儒家"，《六经》也不能简单地借着孔子的名而成为"儒学经典"。

孔子把周朝的王官之学带入民间，儒教是基于《六经》发展而来的礼教，并经过孔子的传承以及后来历朝贤人的不断完善而越来越成体系。

误解三：是孔子成就了《六经》

很多人认为，即使不是孔子创作了《六经》，但是孔子删减、整理的工作也是《六经》得以面世的先决条件，这毋庸置疑。但是，在谈到孔子和《六经》时，只强调孔子成就了《六经》是片面的，因为《六经》在一定程度上来说也成就了孔子。

众多周知，孔子是中国第一个创办私人教育的教育家，他删减、整理而形成《六经》后，便将《六经》当做教材来教育学生。而孔子的教育和《六经》之间可以说是相辅相成的关系，相传孔子"以《诗》、《书》、《礼》、《乐》教"而拥有大量的弟子，其中"身通六艺者七十有二人"。儒家早期的子书（如《老子》、《墨子》、《韩非子》、《荀子》等古籍）中充满着"《诗》云"、"《书》曰"等固定引用模式，也可推知，《六经》不只影响了孔子的学生和一些普通的读书人，也影响了一大批当时的著名学者。

误解四：《诗》是《六经》中最早出现的

如果要问《六经》是哪《六经》，十之八九的中学生会像说顺口溜般说出《诗》、《书》、《礼》、《乐》、《易》、《春秋》，加之《六经》中，《诗经》最为人熟知，因此，很多人会想当然地认为，《诗》是《六经》中最早出现的，其实不然。

实际上，《六经》中，产生时间最早的是《易》。《汉书·艺文志》云："《乐》以和神，仁之表也；《诗》以正言，义之用也；《礼》以明体，明者著见，故无训也；《书》以广听，知之术也；《春秋》以断事，信之符也。五者，盖五常之道，相须而备，而《易》为之原。"由此可见，《易》应当位于《六经》之首。

《易》本是一部用来占筮的书，这在《左传》中已有记载，说明它在春秋时期已经流传。很多学者认为《周易》成书于殷周之际，对司马迁"盖文王拘而演《易》"之说表示认同。从现存的传世文献和考古文献看，《易》是中国最早的一部著作，因此，它不光为《六经》之首，甚至可以将其视为中国学术文化的总源。

中国第一部诗集
——《诗经》

《诗经》是我国最高的诗歌总集，它原本叫《诗》，因为它共包含了三百零五首诗歌，所以也叫"诗三百"。从汉朝起，《诗经》便被尊为儒家的经典，所以得名《诗经》。《诗经》这个名字正式启用的时间，史料记载是起于南宋初年，当时的汉朝毛亨、毛苌曾注释《诗经》，因此《诗经》还有个小名叫《毛诗》。因为《诗经》中的作品都可以用乐器伴奏演唱，所以《诗经》也被称为我国古代第一部乐歌总集。

自西汉以来，经书就被确立为国家的经典，宋代时又被定为科举用书，每个读书人都会熟读经书，就像今天要参加高考的

孔子和弟子们在修诗书

学生必须学好语数外一样。《诗经》作为古代的教科书之一，它其中所包含的大多数诗的作者已经无法考证，但是据《史记》记载，其最早的作品大约形成于西周初年，是周公旦所作的《豳（bīn）风·鸱鸮》；另据郑玄的《诗谱序》记载，《诗经》中最晚的作品大约成于春秋时期中叶，是《陈风·株林》，跨越了五百多年。而从其所包含的作品看，《诗经》所涉及的地域，主要是西起陕西和甘肃，北到河北西南，东至山东，南至江汉流域的黄河流域。

关于《诗经》的收集和选编成书，历史上的说法众多，其中有三种说法比较权威，这就是："王官采诗说"、"公卿献诗说"和"孔子删诗说"。

"王官采诗说"最早出自《左传》，《孔丛子·巡狩篇》载："古者天子命史采歌谣，以观民风。"也就是说，《诗经》的形成是当时的天子为了了解民情，命令百官收集整理的这些诗歌民谣。

《汉书·食货志》中记载："孟春之月，群居者将散，行人振木铎，徇于路以采诗，献之太师，比其音律，以闻于天子。故曰王者不出牖户而知天下。"也就是说，周朝朝廷派出专门的使者在三四月份农忙时到全国各地采集民谣，后由史官整理后献给皇帝，目的是让皇帝不出宫门就可以了解民情。这里所说的"行人"跟我们现在所说的行人不同，翻看《左传》就知道，这里的行人指的是当时皇帝派出的采诗官。

西汉后期的著名学者刘歆也在《与扬雄书》中写道："诏问三代，周、秦轩车使者、遒人使者，以岁八月巡路，求代语、童谣、歌戏。"

"公卿献诗说"是说当时的天子为了"考其俗尚之美恶"，下令诸侯献诗。关于这种说法的可靠记载见于《国语·周语》："天子听政，使公卿至于列士献诗，瞽（gǔ）献曲……师箴，瞍赋，矇诵。"也就是说，《诗经》的形成是当时的诸侯百官为了应对上司的考核，纷纷施展自己的本领"献"出来的经典。

还有一种说法是"孔子删诗说"。这种说法见于《史记·孔子世家》："古者诗三千余篇，及至孔子，去其重，取可施于礼义三百五篇。"也就是说，之所以有经典的《诗经》总集的出现，是孔子根据礼义标准，从原来的三千篇古诗里面筛选出三百零五篇形成的。但是关于这种说法，质疑声很

多，唐代著名大经学家孔颖达、南宋著名儒学大师朱熹、明代朱彝尊、清代魏源等均对此说持怀疑态度。因为据《左传》记载，公元前544年，鲁乐工为吴公子季札所奏的风诗次序与今本《诗经》基本相同，而孔子是公元前551年生人，也就是说，在孔子不到十岁时，就有了定型的《诗经》，怎么可能是孔子"删诗"而成《诗经》的呢？现在通常认为《诗经》是各诸侯国协助周朝朝廷采集，之后由史官和乐师编纂整理而成的，而孔子参与了这个整理的过程。

《诗经》中诗的分类，有"四始六义"之说。"四始"是指《风》、《大雅》、《小雅》、《颂》的四篇列首位的诗。"六义"则指"风、雅、颂、赋、比、兴"。"风、雅、颂"是《诗经》的文体分类，而"赋、比、兴"是指《诗经》的表现手法。

《风》又称《国风》，一共有十五组，共一百六十篇，是十几个地区的乐曲，包括周南、召南、邶、鄘（yōng）、卫、王、郑、桧、齐、魏、唐、秦、豳、陈、曹的乐歌。《风》是当地当时的流行歌曲，非常带有地方色彩。从内容上来看，《风》大多数是民间诗歌，而作者大多数是接近百姓生活的民间歌手。当然，也有个别的贵族乐歌。

对于《雅》的认识和理解，历史上有不同的观点。一种观点是认为"雅"即"正"的意思，是周朝统治地区的音乐。这种观点认为"雅"是"正声"，它和其他地方的音乐有很大的区别，相当于今天的"古典音乐"和"流行音乐"的区别。《雅》包括《大雅》和《小雅》，共一百零五篇，《大雅》三十一篇，《小雅》七十四篇。同为周朝统治地区的音乐，《大雅》和《小雅》在各自的功能上还做了细分。《大雅》一般是国君接受臣下朝拜的音乐，大多是朝廷的王族公卿们的作品，只有一小部分是民间诗歌，其内容几乎都是跟政治相关的，有赞颂勤政的，也有讽刺弊政的，很少有表达个人感情的。《小雅》大多为宫廷宴请宾客的音乐，但它的一部分关于战争和劳役的诗歌与《国风》类似，如《采薇》、《何草不黄》，《豳风》中的《破斧》、《东山》，《邶风》中的《击鼓》，《卫风》中的《伯兮》等。

《颂》包括《周颂》（三十一篇）、《鲁颂》（四篇）、《商颂》（五篇），合称"三颂"。《颂》是专门用于宗庙祭祀的音乐，大部分是西周初

南宋画家马远所绘《孔子像》

年周王朝的祭祀乐章,其内容多为宣扬天命、赞颂祖先的功德。例如,《周颂》中的大武舞曲就是颂扬周文王、周武王等君主的功业的舞曲;《鲁颂》中的《泮水》是赞颂祖先功德的诗歌;《商颂》中的五篇也都是宗庙祭祀音乐,充满了祝颂之辞。

《颂》较少运用比、兴手法，缺乏形象性和韵律美。例如《周颂》产生的时代较早，语言非常典雅庄重，很少有清新活泼之气，押韵也不规则。《鲁颂》产生的时间比《周颂》晚，在创作上受到了《风》和《雅》的影响，有些诗的风格跟《风》和《雅》类似。

"赋、比、兴"是诗经的三种表现手法，是根据《诗经》的创作经验总结出来的。"赋"的表现手法是平铺直叙，作者把思想感情及其有关的事物平铺直叙地表达出来，句子表达常常用铺陈和排比，相当于我们现在说的排比的修辞手法，可以渲染某种环境、气氛和情绪。赋是最基本的表现手法，赋中比兴，或者起兴后再用赋。在赋体中，尤其是富丽华美的汉赋中，赋法被广泛地采用。如《七月》叙述农夫在一年十二个月中的生活，就是用赋。

"比"相当于现在的比喻的修辞手法，往往以一个事物比喻另一个事物。一般来说，用来作比喻的事物往往比本体事物更加生动具体、形象生动，便于人们理解。比的表现手法在《诗经》中用得非常广泛，例如《魏风·硕鼠》的整首诗都是以拟物的手法来表达感情的；而《卫风·硕人》中则在一部分中用比的手法。在描绘庄姜之美时，诗中说到她"手如柔荑，肤如凝脂，领如蝤蛴，齿如瓠犀，螓首蛾眉，巧笑倩兮，美目盼兮"，比的手法用得非常出色。

"兴"就是将情寓于象中，先说他物——一种意象，然后借以联想，从他物引到诗人真正想要表达的事物、思想、感情上来。兴往往能激发读者的想象，能增强意蕴，产生诗意盎然的艺术效果。《孔雀东南飞》就用了兴的表达手法，今人能对这首诗口口相传，跟兴的表达手法所起到的表达效果有很大的关系。

《诗经》是我国古代文学史上的一座高峰。几千字只能对诗经做个概览，要想了解《诗经》的更多知识，读者应当近距离地接触《诗经》的名作名篇，在阅读具体作品时更深刻地理解《诗经》的精髓。

中国最早的国别体史书
——《国语》

　　《国语》是我国第一部国别体史书,以记载言论为主,兼有一些记事的成分。记事年代上起周穆王十二年(公元前990年)西征犬戎(约公元前947年),下至智伯被灭(公元前453年),内容涉及周、鲁、齐、晋、郑、楚、吴、越八国。

　　关于《国语》的作者是谁,学术界一直有争论,现在尚无定论。有一说认为《国语》的作者是左丘明,最早提出这种观点的是司马迁。司马迁说:"左丘失明,厥有《国语》。"后来,

东晋著名画家顾恺之所绘《洛神赋图》(局部)

班固、刘知几等都认同司马迁的观点，认为《国语》为左丘明所作，还把《国语》称为《春秋外传》或《左氏外传》。班固在《汉书·艺文志》中也记载："《国语》二十一篇，左丘明著。"按照班固等人的说法，左丘明为孔子《春秋》作传后，不幸失明，但他"雅思未尽"，根据作传时掌握的资料，又编了《国语》。晋朝之后，许多学者都质疑《国语》的作者是左丘明这一观点，至今学术界还争论不休。因此，一般都说《国语》产生于战国初年，作者不详。

虽然学者们对于《国语》的作者是谁存在争议，但是有一种观点却是学者们普遍认同的，那就是，《国语》并非出自一人之手，也非某一时、某一地的历史，而是集合春秋时期各国史官的记述，后来经过某个熟悉历史的人汇集并润色，于战国初年或稍后成书的。虽然是涉及了周、鲁、齐、晋、郑、楚、吴、越八国，但是除了《周语》较为连贯外，其余各国只是重点记述了一些事件，事件之间并不是很连贯系统，而且各部分的侧重点也不同。《晋语》九卷，篇幅最长，占全书近半；《周语》三卷；《鲁语》、《楚语》、《越语》各二卷；《齐语》、《郑语》、《吴语》各一卷。

《周语》侧重论政记言，对东西周的历史都有记录；

《鲁语》很少记录重大历史事件,大多是针对一些小故事发议论,主要记载春秋时期鲁国的事情,但不是完整的鲁国历史;《齐语》记齐恒公称霸之事,多写管仲和桓公的论政之语;《晋语》篇幅最长,因此对晋国的历史记录得较为全面具体,叙事较多,很多笔墨偏重于记述晋文公的事迹;《郑语》则主要记史伯论天下兴衰的言论;《楚语》主要记楚灵王、昭王时期的事迹;《吴语》主要记载夫差伐越和吴的灭亡;《越语》则仅仅记载勾践灭吴之事。

《国语》以这八个国家分类,各自成章,通过记言和记事相结合的方式,以上层统治阶级士大夫的言论、辩论来反映历史,内容涉及经济、制度、风俗等多方面的内容。

《国语》将记言和记事的方式结合得很好,表现出了叙述技巧上的巧妙。虽然记言多于记事,但是《国语》并没有单纯的议论文或语录,而是将一系列大小故事穿插其中,生动地反映出了当时重要的历史事件,通过这些历史事件也能烘托出一些鲜明生动的人物形象来。

跟《左传》相比,《国语》不够系统和完整。《左传》在描述一个历史事件或一个历史人物非常完整,而《国语》则在描述时较少着笔墨,而是将重点放在大段的议论上。但是《国语》也有一些情节生动曲折的故事描写,可以体现其叙事成就。例如《晋语》前四卷写晋献公诸子争位的故事,展示了春秋时期一场复杂政治斗争的生动画卷,描绘出一系列生动的人物形象。书中将晋献公宠妃骊姬的阴谋、太子申生的冤死、公子重耳的流亡等都写得波澜起伏,极具戏剧性。其中有一些情节的描写非常出彩,例如为分化朝中大臣,骊姬设计让优施与朝中重臣里克饮酒,用歌舞暗示里克,将杀太子申生而立骊姬子奚齐,后里克夜半召优施,欲中立以自保……(《晋语二》)这些描写细致入微,灵活生动,表现出了故事中的人物鲜明的个性。

《国语》在记叙某一国的事件时,有时集中一定的篇幅写某个人的言行,例如《晋语四》专写晋文公,《吴语》主要写夫差,《越语》主要写勾践等等。这种集中篇幅写一人的方式,尚未把一个人的事迹集中写为一篇独立完整的人物传记,但是有向纪传体过渡的趋势。

虽然《国语》在叙事和刻画人物时也有出彩的地方,但是其文学成就比《左传》还是逊色一些，其文字虽然质朴，但是却不如《左传》有文采。而与《尚书》、《春秋》相比较，《国语》在叙事表达上还是有显著提高。例如，作者非常善于通过历史人物的一些精彩言论来反映当时的某些社会问题，《周语》"召公谏弭谤"一节，通过召公之口，阐明了"防民之口，甚于防川"的著名论点。

《国语》与《史记》、《左传》不同，作者并未在记叙时加入"君子曰"或"太史公曰"一类的评语，因此文章的观点都比较客观，作者的主张并不明显，给读者留了一些独立思考和判断的空间。

《国语》的政治观比较进步，它反对专制和腐败，重视民意，重视人才，具有浓厚的民本思想。《国语》许多地方都强调天命，遇事求神问卜，但在神与人的关系上，已是人神并重，由过去人们对天命的崇拜，转向对人的重视。《国语》非常重视人民的地位和作用，认为民心的向背是施政的依据。例如，《鲁语上》中，鲁太史里革在评论晋人弑其君厉公时，认为暴君被逐被杀是其咎由自取、罪有应得，臣民起来反抗是对的。又如，《周语上》召公谏厉王弭谤的故事中，召公主张治民应该"宣之使言"，这样统治者就能从人民的言论中得知国家的兴衰、施政的得失；召公认为国君只有体察民情，为人民办实事，增加人民的财富，让百姓过上好日子，国家才能长治久安。

作者在展现民本思想的同时，也在内容上表现出了很强的伦理观念，非常尊崇礼的规范，认为"礼"是治国之本，认为人人都该有忠君思想。

总的来说，《国语》的思想是比较多样的。它重在纪实，所以表现出来的思想也随所记之人、所记之言不同而各异，例如《鲁语》中说到孔子，语言中包含了儒家思想，《越语》写范蠡尚阴柔、持盈定倾、功成身退，则带有道家色彩。

《国语》和《左传》所记载的史实的时间基本相同，而在体例上各有侧重，所以这两部史书在研究春秋历史时，可以互相补充、互相参证。

春秋时期的历史画卷
——《左传》

《左传》全称为《春秋左氏传》，原名《左氏春秋》，汉朝时又名《春秋左氏》、《左氏》，是中国古代的一部编年体史书，汉朝以后才多称《左传》。它是为《春秋》做注解的一部史书，《左传》、《公羊传》、《谷梁传》合称"春秋三传"。

在周代，不论是周王室，还是各诸侯国，都有史官专门负责记载周王室或本国的历史。现存的《春秋》就是孔子根据鲁国史官的记载修订的鲁国的编年史，记载了鲁隐公元年（公元前722年）到鲁哀公十四年（公元前481年）间共二百四十二年的历史，是中国第一部编年体史书。

《春秋》一书共一万八千字（现存版本只有一万六千字），是按照鲁国十二个君主的次序重新删定的。它的记事方法是标出春、夏、秋、冬，再加月份和日期，然后记上史事。书中对当时的政治事件都有所评论。它的文字非常简练，事件记载得很简略，但这二百四十二年间的诸侯攻伐、盟会、篡弑及祭祀等都有记载，王安石甚至说《春秋》是"断烂朝报"，是指《春秋》就像陈旧、残缺、没有参考价值的历史记载。这些历史记载虽然不完备，但是它所记载的鲁国十二代的世次年代完全正确，它所记载的日食与西方学者所著《蚀经》相符合的有三十多次，这足可以说明《春秋》起码是部信史，不是人杜撰的，由此可见，《春秋》还是很有史料价值的。

"春秋三传"都是对《春秋》的注解和评论，但是侧重点却不相同。《公羊传》和《谷梁传》最初是口授，到西汉初期才成书，它们主要是对

明代丁云鹏所绘《三教图》，此图描绘的是佛、道、儒三教的创始人释迦牟尼、老子、孔子三人于一图之中，似正在辩经论道，体现了明代"三教合一"的社会思潮

《春秋》中的史实加以评论，没有多少史实补充，所以内容相对比较空洞，而且记事只到鲁哀公十四年。但《左传》记事到鲁哀公十六年，是用历史事实来解释《春秋》的，不仅记载了鲁国的历史，还叙述了当时各诸侯国的历史；不仅记载了春秋时代的很多历史事件，还保存了春秋以前的一些史实和传说。因此，可以说，《左传》不仅是一部宝贵的史书，还是一部优秀的历史散文著作。

相传，《左传》是春秋末**期鲁**国史官左丘明所著。左丘明姓左丘，名明（一说姓丘，名明，左乃尊称），相传左丘明是个知识渊博、品德高尚的史官，曾与孔子一起"乘如周，观书于周史"，所以依《春秋》写成了记事详细、议论精辟的编年史《左传》，与中国第一部国别史《国语》成为史家的开山鼻祖。

《左传》的记事基本以《春秋》的鲁十二公为次序，内容主要包括周王朝的衰微、诸侯争霸、民族关系的历史以及对各类典章制度、礼仪规范、社会风俗、天文地理、历法时令、古代文献、神话传说等的记述和评论。这些内容大多取材于王室档案、鲁史策书、诸侯国史等。

《左传》涉及的内容非常广泛，但是主要篇幅还是用来记载统治阶级的活动，当然，它并不是单纯地描写贵族们的活动，而是全面反映了当时大国争霸的形势，以及整个社会广泛存在的阶级矛盾。而且作者毫不掩饰自己对大国兼并小国、强国灭掉弱国的赞许，希望通过大国兼并结束征战不断的政治局面，促成大一统的局面。

例如，《左传·襄公二十九年》写了这样一件事。鲁国侵占了杞国的田地，因为晋平公的母亲（悼夫人）是杞国人，所以，晋平公派了一个叫女叔侯的去和鲁国交涉，要鲁国归还所占杞国的全部田地。但是女叔侯并未完成使命——"晋侯使司马女叔侯来治杞田，弗尽归也。"悼夫人大怒，女叔侯申辩说："虞、虢、焦、滑、霍、扬、韩、魏，皆姬姓也，晋是以大。若非侵小，将何所取？武、献以下，兼国多矣，谁得治之？杞，夏余也，而即东夷。鲁，周公之后也，而睦于晋。以杞封鲁犹可，而何有焉？鲁之于晋也，职贡不乏，玩好时至，公卿大夫相继于朝，史不绝书，府无虚月。如是可矣，何必瘠鲁以肥杞？且先君而有知也，毋宁夫人，而焉用老臣？"意思是说："虞、虢、焦、滑、杨、韩、魏都是姬姓国，都被晋国灭掉了，所以晋国才强大起来了。如果不吞并小国,我们怎么能变成大国呢?从武公、献公开始,我们兼并了不少国家,谁阻挡住了我们成为大国的路呢?鲁国是周公后代治理的国家,一向和晋国友好,而杞是用夷礼的国家,所以把杞国封给鲁国也是可以的,又何必叫鲁国归还杞国的土地呢?

在这个故事中,作者通过女叔侯这段有理有据的辩解,反映了自己的思想:大国吞并小国是结束征战不断的政治局面、实现统一的正确方法。

《左传》不光记载了统治阶级的政治活动,还对统治阶级的矛盾和贵族们奢侈糜烂的生活做了生动的刻画,例如诸侯大夫们官场上的阴谋夺权;后宫妃嫔们的钩心斗角;底层劳动人民对贪官们的深恶痛绝。不管是对官场的黑暗腐化问题,还是后宫的钩心斗角现象,作者的笔都是毫不避讳的,《左传》的文章都是有着鲜明的政治与道德倾向。作者要求统治者不可逞一己之私欲,而要从他统治的国家的长远利益考虑问题,这些地方都反映出儒家的政治理想。例如,作者对齐桓公的霸业是非常赞赏的,但是对他建立霸业时的"尊王攘夷"政策,作者认为是非常虚伪的,认为齐桓公的"尊王攘夷"的政策只是为了让他称霸中原的行动显得合法合理。《左传》中写道:某一天,齐桓公和蔡姬在宫中的湖上划船,蔡姬在船上嬉笑,将船左右摇晃,齐桓公制止,蔡姬不听,后来齐桓公便借故将蔡姬退回了蔡国。后来,蔡国把蔡姬嫁给了楚国。齐桓公便乘机出兵攻打蔡国和楚国。从这件事上可以看出齐桓公的虚伪,也揭开了他"尊王攘夷"的面纱,让读者看到了齐桓公称霸的真正目的。

《左传》强调等级秩序与宗法伦理,重视长幼尊卑之别,观念比较接近儒家,因此《左传》不光是研究先秦历史和春秋时期历史的重要文献,也是研究先秦儒家思想的重要历史资料。

《左传》可以说是中国第一部大规模的叙事性作品,比起当时以前的任何一种著作,它的叙事能力都是惊人的。那些头绪纷杂、变化多端的历史大事件在作者的笔下都被处理得井井有条。作者将每一战役都放在大国争霸的背景下展开,将战前策划、战争过程、战争影响等用精炼有力的语言表现出来,而且故事往往非常生动有趣,那些生动的情节也将一个个人物盘活,给读者留下了深刻的印象。《左传》对后来的《战国策》、《史记》的写作风格产生了很大的影响,使后来的史学著作形成了文史结合的传统。

吕不韦和他的百科全书《吕氏春秋》

《吕氏春秋》又名《吕览》，是吕不韦组织属下门客们集体编撰的一部古代百科全书，是当时政治一统趋势的产物。《吕氏春秋》成书于战国末年，具体来说是公元前239年前后，此时正是秦国统一六国前夕，因此本书具有鲜明的时代特色。本书共分为十二纪、八览、六论，共十二卷，一百六十篇，二十余万字，在当时来说可以称为一本巨著。

成就这本巨著的是战国末期大政治家、思想家、秦国丞相吕不韦，吕不韦是卫国濮阳人，原籍阳翟（今河南省禹州市）。吕不韦在做丞相前是阳翟一位很有名的商人，他非常有做生意的天赋，经常往来各地，以低价批发各种货物，然后再去能高价卖出的地方卖出货物，所以不久他便积累起了丰厚的家产。

很多人都对吕不韦的商人身份并不熟悉，熟悉的却是他另一个身份——秦国丞相，那么他是如何成功地从商界转向政界的呢？这源于他的一次成功的投资。

秦昭襄王四十年（公元前267年），秦国太子去世，两年后，秦昭襄王把他的第二个儿子安国君立为了太子。安国君有二十多个儿子，而其中有个儿子名叫异人（后改名子楚），异人因为其母亲夏姬不受宠爱，因此也得不到父亲的疼爱，甚至作为秦国人质被派到赵国。

在赵国当人质的异人生活过得很不如意，既得不到秦昭王孙子该有的待遇，甚至连日常生活都很困窘。后来，吕不韦到邯郸做生意时见到了异人，并且看到了他身上暗藏的光芒。吕不韦说："异人就像一件奇货，可以囤积居奇，以待高价售出。"这便是成语"奇货可居"的典故。后来，吕不韦散尽家财帮助异人立嫡，在异人继位为秦庄襄王后，吕不韦这位大功臣就当上了丞相。

当上了丞相，吕不韦可以说是在政界获得了极大成功。但是作为一个商人出身的丞相，吕不韦的文学造诣并没有多高，他是如何促成《吕氏春秋》这本有名的历史巨著的呢？这源于他的又一次成功投资，与上次不同的是，这次，他投资的是一群人。

当时的战国四公子——齐国的孟尝君、魏国的信陵君、赵国的平原君、楚国的春申君个个声名显赫，而且他们都礼贤下士，拥有大批门客，身边人才济济。作为丞相的吕不韦认为秦国如此强大，竟在这方面不如这几个国家，实在是件羞愧的事。所以，吕不韦便以优厚的待遇招来文人学士、门客达三千多人。吕不韦素来善于运用谋略，鉴于当时秦国猛将如云、军力强大，因此吕不韦认为没有必要再蓄养武将，而通过著书立说，闻名于天下，流传后世更为重要。于是，吕不韦便借这些擅长舞文弄墨的门客来实现自己的愿望。

吕不韦命令擅长撰文的门客将自己的所见所闻所想都写出来，后来收到了一大批涉及天地万物、士农工商、兴废治乱、三教九流等方方面面的文章。后来吕不韦又挑选了几位文学造诣较高的文人对这些文章进行筛选、删减、分类、审定，后将这些文章集合在一起，取名《吕氏春秋》。为谨慎起见，吕不韦在《吕氏春秋》成书后又让门客修改了几遍，直到自己真正满意为止。

吕不韦称《吕氏春秋》是部杰作，说该书是一本包揽了"天地、万物、古今"的奇书，这虽然有夸口的成分在，但是也在一定程度上体现了《吕氏春秋》的百科全书性质。《吕氏春秋》上总结先秦三十多位君主的创业历史，中综合诸子百家各种学说并将其杂糅一体为己所用，下为秦国描绘了未来的统一蓝图，探讨治国方略。可以说，《吕氏春秋》既讲究武功兵略，又讲究文治谋略，充分体现了吕不韦在富国强兵、成就统一大业方面的独到见识，对秦统一大业有杰出的贡献。

《吕氏春秋》对先秦诸子的思想进行了总结性的批判，认为应该将不同的思想统一起来，认为"一则治，异则乱；一则安，异则危。"（《不二》）由此可见，《吕氏春秋》归根结底还是为统治阶级服务的。《不二》篇中说："老聃贵柔，孔子贵仁，墨翟贵廉，关尹贵清，列子贵虚，陈骈贵齐，阳生贵己，孙膑贵势，王廖贵先，倪良贵后。"所以，《吕氏春秋》对各家思想进行了批判、综合和发展。

例如，儒家主张维护君权，这是对统治阶级有利的，所以被《吕氏春秋》吸收了。孔子虽然主张维护君权，但是并没有强调集权问题，而《吕氏春秋》则在这方面有了变化。《吕氏春秋》有了"执一"、"抟"的观念，主张建立封建集权国家，它说："天下必有天子，所以一之也，天子必执一，所以抟之也。一则治，两则乱。"（《执一》）

此外，《吕氏春秋》对墨子的"节葬"观念表示了赞同，批判了当时的厚葬风气，但是对墨子的"非攻"主张却进行了批驳："夫攻伐之事，未有不攻无道而罚不义也。攻无道而伐之义，则福莫大焉，黔首利莫厚焉。"（《振乱》）《吕氏春秋》主张兴"义兵"，认为应该支持正义的战争，通过"攻无道而伐不义"的战争来除暴安良，这归根到底还是在为秦国实现统一霸业而发起的战争做辩护。

除了政治方面的意义，《吕氏春秋》在文化方面也是有深远的意义的。它不光保存了先秦各家各派的不同思想，还保存了许多有价值的史实，记载了不少古史旧闻、古人遗语、古籍佚文及一些古代科学知识，其中不少内容是其他书中没有的。特别是一些古代农业技术史料，至今仍有研究意义。

农业在古代的社会经济中有着非常重要的地位。吕不韦在当丞相期间很重视农业的发展，著名的"郑国渠"就是吕不韦担任丞相期间修建的，它可灌溉四万多顷土地。"郑国渠"修建成功后，从此关中一片沃野，成为秦国的主要农业区。因为吕不韦如此重视农业，所以《吕氏春秋》在农业生产经验和技术方面有比较系统的总结。《上农》、《任地》、《辩土》、《审时》是专门讲农业的文章，而在其他篇中，也有关于农业的论述。特别值得一提的是，《吕氏春秋》比较系统地总结了一些农业生产经验，例如土壤的性能、施肥、农作物

吕不韦像

的耕作技术、播种时节等。这些经验是我国劳动人民在长期的生产劳动实践中得来的,《吕氏春秋》把这些经验进行系统总结并加以提高,在今天看来尤为宝贵。

在历史上,《吕氏春秋》深得人们的好评。司马迁称它"备天地万物古今之事"。在其《报任安书》中,司马迁甚至把《吕氏春秋》与《周易》、《春秋》、《国语》、《离骚》等相提并论。客观地说,《吕氏春秋》不是一部系统的哲学著作,它最主要的价值是其资料价值,其次是其思想价值;它的一些寓言故事也富有教育意义。但是,书中也有一些天人感应的迷信思想,我们在阅读时应该学会加以分辨。

中国文学史上最长的抒情诗
——《离骚》

　　《离骚》是我国古代诗歌史上最长的一首浪漫主义政治抒情诗，是战国时期的著名诗人屈原的代表作，收录于《楚辞》中。全诗共三百七十二句，两千四百余字。对于《离骚》名称的本意有不同的解读，据统计有六十六种说法，也有比较有代表性的几种。司马迁在《史记·屈原列传》中将其解释

元代画家张渥所绘《九歌图》（局部），此《九歌图》卷共十一段，每段一图，该部分表现的是楚辞《九歌》中的《东皇太一》、《云中君》两章

为"离忧",即认为是遭受忧患的意思;班固指"离,犹遭也。骚,忧也。明己遭忧作辞也",即离骚就是"遭忧";林庚认为离骚即"牢骚"。至于读者要认同哪种说法,可以根据自己对《离骚》内容的理解来定。

《离骚》的作者屈原(公元前340年—前278年),名平,字原,是战国末期楚国丹阳(今湖北省秭归县)人,是楚国贵族屈瑕的后代。屈原早年受楚怀王信任,任左徒,经常与楚怀王商议国事,还主持外交事务、参与法律的制定,做的都是非常重要的工作。但是,由于屈原性格耿直,又不会拍领导马屁,加之遭官场其他官员的排挤和谗言,屈原慢慢被楚怀王疏远,最后被逐出郢都,流落到汉北。

在流放期间,屈原感到心中苦闷,为了纾解苦闷情绪,唯一可行的便是通过文学创作将内心的矛盾和苦闷抒发出来。因为流落在外,所以屈原的作品中洋溢着对楚地的眷恋和报国的热情。

《离骚》的写作年代,一般认为是屈原离开郢都前往汉北之时。司马迁在《史记·屈原列传》中说,屈原因遭人谗言陷害而被楚怀王疏远,"屈

平疾王听之不聪也,谗谄之蔽明也,邪曲之害公也,方正之不容也,故忧愁幽思而作《离骚》",也认为《离骚》是作于屈原离开郢都往汉北之时。另一种说法认为《离骚》是屈原在流放期间所作,因为诗中有"济沅湘以南征兮"一句,但是这不足为信,因为《离骚》的后半部分全是写作者想象中的云游,"济沅湘以南征兮"并非实有其事。

《离骚》作为鸿篇巨制,所表现的思想内容是极其丰富的。屈原先叙述自己的生辰名字、家世出身,以及自己如何积极锻炼品质和才能,接着讲述了自己在实现政治理想的过程中遭受的挫折。在遭遇挫折之后,屈原不退缩不气馁,兴办教育为国家培养人才,但是处在"众皆竞进以贪婪"的环境中,他兴办教育的理想又遭遇了现实的重创。由于屈原的特立独行,他遭到了世间庸人的谗害,再一次遭遇挫折,陷入了孤独绝望的境地,但是他仍然不愿屈服于世俗,甘愿"伏清白以死直"。接着,经过内心深处的彷徨、矛盾与追求理想之间的搏斗,屈原又一次坚定了自己的政治理想和道德情操。由于女媭(xū)的劝诫,屈原不得已来到重华面前,向他陈述自己的观点,希望引起同情和共鸣。屈原在重华面前阐述了自己"举贤授能"的政治主张后,开始"周流上下","浮游求女",但这些行动都以不遂其愿而告终。最后,在接受灵氛、巫咸的劝告之后,屈原决定离开楚国远游,最后以死明志。

《离骚》的形式来源于楚国人民的口头创作,诗人又将之加以改造,构成长篇,使之包含了丰富的内容。《离骚》的创作既立足于现实,又富于幻想色彩。诗中通过非常丰富的联想和想象,把现实人物、历史人物、神话人物交织在一起;将人间和幻境、过去和现在交织在一起,构成了瑰丽奇特的幻想世界,营造出了极具魅力的艺术世界。

楚辞出现以前,中国诗歌还基本上属于群性的创作,一般说来,它们内容比较单纯,句式和篇幅也比较短,由于是群性创作,因而还缺少全面反映诗人性格的作品。《诗经》中的某些作品的人物身上虽然也闪耀着个性的光辉,但是像屈原这样用他的理想、遭遇、痛苦和热情乃至整个生命在他的作品上打上了异常鲜明的个性烙印的人,却还没有。

《离骚》塑造了一个纯洁高大、充满爱国激情、具有崇高政治理想和高洁人格的诗人形象。首先,他有着鲜明的外部形象特征。"高余冠之岌岌兮，长余佩之陆离。""长颔（kǎn）颔亦何伤。"其次，他具有鲜明的思想性格。他是一个追求真理、坚强不屈的斗士。他主张法治（"循绳墨而不颇"）、美政，倡导举贤授能，重视人民的利益和人民的作用（"皇天无私阿兮，览民德焉错辅"），反对统治者的腐败荒淫和黑暗统治。这个形象为后来的无数仁人志士树立了榜样，也给了他们力量。

《离骚》中无论是诗人形象的塑造，还是一些其他事物、人物的描写，都大量采用了浪漫主义表现手法。此外，神话传说的充分运用，更增加了《离骚》的浪漫主义气息。《离骚》中大量运用了比、兴的手法，例如以男女关系比喻君臣关系，以驾车马比喻治理国家，以香草比喻诗人品格。

说到香草，读过《离骚》的人会发现，《离骚》中有两类意象非常引人注目，那就是美人和香草。美人一般比喻为君王，或是作者自喻。例如"惟草木之零落兮，恐美人之迟暮"中的美人就可看做是君王，而"众女嫉余之娥眉兮，谣诼谓余以善淫"

明代画家文征明所绘《湘君湘夫人图》是根据屈原的《楚辞·九歌》中的《湘君》、《湘夫人》篇创作的

中，遭嫉恨的那个美女意象，则可看做是屈原的自喻。屈原通过自喻为弃妇而抒情，因而情感哀婉缠绵，如泣如诉。此外，《离骚》中有多种多样的香草，这些香草一方面作为美人的装饰，丰富了美人的意象，另一方面和恶草相比，象征着高尚纯洁的品格和人格，比喻了政治斗争的双方。

屈原在《离骚》中写了两个世界：现实世界和超现实世界，这也是《离骚》大放艺术光彩的地方。除了神话故事，一般的文学作品中的现实世界和超现实世界一般都是很分明的，作品中的人往往是由人到鬼的变化才能到达另外一个世界，例如《聊斋志异》中的《席方平》篇。但是，《离骚》中的超现实世界却是现实世界的一个补充，主人公自由来往于天地之间。诗人用了龙马的形象来作为人从人间到天界，由天界到人间的工具。在人间为马，一升空即为龙。诗人借助自己由人间到天上，由天上到人间的情节变化，形成了这首长诗内部结构上的大开大阖。这些情节的变化有效地避免了长篇抒情诗易流于空泛的弊病，使读者不但不觉得枯燥，反而觉得十分新奇，而且有无限的想象空间。

除了内容丰富、人物形象鲜明、比兴手法运用精妙之外，《离骚》在形式和语言上进行的创新也是值得肯定的。《离骚》的形式吸收和借鉴了南方楚地的民歌，吸收了当时的新体散文的笔法，打破了《诗经》的四言格式，把诗句加长，结构扩大，增强了表现力。此外，《离骚》还将大量的口语方言引入诗中，用得最普遍的"兮"是楚地民歌中经常出现的口语，这个词语既增强了诗中咏叹的抒情气氛，又极大地增强了诗句的节奏性和音乐美。

屈原用他的理想、热情、痛苦、彷徨，以至于整个生命所熔铸成的这部宏伟诗篇闪烁着鲜明的个性光辉。鲁迅曾赞之为"逸响伟辞，卓绝一世"（《汉文学史纲要》），给予了极高的评价。《离骚》在艺术上取得的高度成就，与它丰富深刻的思想内容完美地结合在一起，使它成为中国文学史上光照千古的绝唱，并对后世产生了深远的影响。它不仅是中国文学的奇珍，也是世界文学的瑰宝。

司马迁矢志著《史记》

在《史记》出现以前，史书都是以时间为次序的编年体，或者是以地域为区分的国别体，而《史记》是一种以人物为中心来讲述历史的新体例，这在史学体例上是一种影响极为深远的创举，这种开创性的体例就是纪传体。

作为中国第一部纪传体通史，《史记》全书共一百三十卷，五十二万字，有十二本纪、十表、八书、三十世家、七十列传，共约五十二万六千五百字；记述了上至传说中的黄帝，下至汉武帝元狩元年之间三千年左右的历史。《史记》具有极高的文学价值，它与《汉书》、《后汉书》、《三国志》合称"前四史"；与宋代司马光的《资治通鉴》合称"史学双璧"；被鲁迅誉为"史家之绝唱，无韵之离骚"。而这部伟大作品的作者，就是我国伟大的历史学家司马迁。

司马迁（约公元前145年—前87年），字子长，夏阳人（今陕西省韩城县），是西汉著名的史学家、文学家、思想家。司马迁出生在一个世代为史官的家庭，他的父亲司马谈为太史令，掌管天文、历法和历史文献。司马迁的父亲曾"学官于唐都，受易于杨何，习道论于黄子"，是一个学识渊博的人。

作为一个出身书香门第的小孩，司马迁十岁便开始读古书，并且跟着当时著名的古文经学家学过用大篆（在当时来说是古文字）写的先秦典籍，还在儒学大师董仲舒的门下学过用隶书（当时通用

司马迁像

的文字）写的《春秋公羊传》，文学积淀逐渐深厚。但是，一个没有生活阅历的人，很难写出史记中那一个个鲜活的人物。在有了深厚的文学积淀之后，二十岁那年，司马迁离开了自己生活了多年的陕西韩城县，开始到各地游历。司马迁曾去过会稽（今浙江省绍兴市）访问夏禹的遗迹；到姑苏感受范蠡（lí）泛舟的五湖；到过曾孕育萧何、曹参、樊哙等名人的丰沛；到邹鲁访问孔子的故乡。在游历的过程中，司马迁听到和看到的精彩纷呈的历史人物和历史事件深深地印在了他的脑海里。

后来，司马迁回到父亲做官的长安做了郎中，当时的郎中并非后来说的医生，而是一种官职，是皇帝的侍从人员。因为经常伴在皇帝左右，司马迁曾多次随同汉武帝出外巡游，又了解了所到地方的风土人情。三十五岁那年，汉武帝派司马迁出使云南、四川、贵州等地，这些"出差"经历又让司马迁了解了这些地方一些少数民族的风土人情，为他撰写《史记》积累了更多丰富的资料。

出使归来后，司马迁才得知父亲病重，将不久于人世。父亲在弥留之际将司马迁叫到床前，对他说："今天子接千岁之统，封泰山，而余不得从行，是命也夫！余死，汝必为太史，无忘吾所欲论著矣……"这段话的主要意思是说，儿啊，我们家世代为史官，我死后，你要接替我的太史令一职，希然你能继续光耀门楣。做了太史令以后，一定不要忘了我打算做的论著。司马迁泪如泉涌，点头答应了父亲："小子不敏，请悉论先人所次旧闻，弗敢阙。"意思是说，儿子虽然驽笨，但我会详述先人所整理的旧闻，不敢稍有缺漏。随后，司马谈便欣慰地驾鹤西去了，此时正是元封三年（即公元前108年），司马迁三十七岁。

司马迁悲痛之余，先谨从父亲意愿，做了太史令。做了太史令后，司马迁未忘父亲临终前所说的那个未完成的心愿。原来，司马谈曾说过，周公死后五百年有了孔子，孔子死后到现在又是五百年了，该有人后继周公、孔子，做一番著述工作，继孔子的《春秋》之后修一部通史。但司马迁接替父亲的太史令一职后，并未能马上开始写这部通史，他得先熟悉太史令的工作。司马迁忙于巡祭、封禅等工作，但这些工作也为他将来的写作提供了便利。司马迁随同汉武帝先后到过长城内外诸多名山大川，眼界更为开阔，写公元前104年，司马迁与天文学家唐都等人共订"太初历"，同年开始动手编《史记》，此时司马迁已步入四十不惑的年纪。

《史记》的编著工作十分庞杂，它取材相当广泛，不光有司马迁当时游历各地获取的丰富的资料，还有当时社会上流传的《世本》、《国语》、《国策》、《秦记》、《楚汉春秋》、诸子百家等著作，还有司马迁因为工作之便可以接触到的国家文书档案。司马迁先将搜集的材料进行作通史的资料也更为充足。

汉武帝像

了分析和选择，过滤了一些价值不大的资料。对一些不是很确定的问题，司马迁或采用存疑的态度，或将不同的说法都写进书里。由于司马迁写《史记》时取材广泛，修史态度严肃认真，所以最后修成的《史记》才能记事翔实，内容丰富。

为了写成这本巨著，司马迁没日没夜地专心写作，就在司马迁著述《史记》刚到了第六个年头的时候，一场灾祸从天而降。

天汉二年（公元前99年），李陵出击匈奴，因寡不敌众，矢尽粮绝，加上援兵不到，终于战败被俘，投降了匈奴。汉武帝听闻消息后大怒，朝中官员为求自保，纷纷落井下石。虽然司马迁和李陵相交不深，但是他非常欣赏李陵的为人。于是，司马迁仗义执言，为李陵辩护。汉武帝迁怒于司马迁，将司马迁判处死刑。

按当时汉朝的法令，死刑减免只有两种办法：一种办法是以五十万钱赎罪。但司马迁家世代为史官，没多少积蓄，所以他拿不出这么大一笔钱。另一种办法是"减刑一等"，接受宫刑。但宫刑不仅对人体是极其残酷的摧残，对人格也是极大的侮辱。面对这种恶劣的现实，司马迁很想直接接受死刑的判决，但是他想到了父亲临终前的嘱托，也舍不下他著述《史记》的宏伟理想。他觉得"人固有一死，或重于泰山，或轻于鸿毛"（《报任安书》）。为了让自己的人生更有价值，通过自己的著述，让世人了解历史，辨明善恶是非，司马迁选择了屈辱的宫刑。

受宫刑之后，司马迁的身体和精神都受到了极大的打击，他几度想过自杀，但是尚未著成的《史记》给了他精神鼓舞，让他顽强地活了下来。

出狱后，司马迁做了中书令，他不愿离开官场的原因是他不想离开他所需要的皇家图书馆里的资料。中书令为皇帝掌管文书，起草诏令，仍有接触到国家文书档案的权利。就这样，司马迁又发愤写作了八年，终于完成了这部历史巨著——《史记》，此时已是公元前91年，司马迁已进入暮年。

《史记》的诞生，是中国史学史上的一件大事，对中国史学的发展产生了巨大的影响。第一，《史记》开创了通史体裁。它为后来的史学写作树立了榜样，通史家风一直影响着近现代的史学研究与写作。第二，建立了史学的独立地位。自司马迁著成《史记》后，专门的史学著作越来越多，史学一门在中国学术领域界有了独立的地位。第三，形成了史传文学传统。司马迁文学修养深厚，他的文字生动，文笔洗练，感情充沛，人物形象生动明快，他在《史记》中表现出来的文学手法和艺术手段形成了后来史传文学的传统。

不光是在中国史学史上，《史记》在中国文学史上也是一座伟大的丰碑。《史记》为中国文学建立了一批重要的人物原型。后代的小说和戏剧中描写的不少帝王、英雄、官吏等各种人物形象，有不少都是从《史记》中演化而来的。因为《史记》中的人物性格鲜明，矛盾冲突尖锐，故事情节非常有戏剧性，这些元素都是小说和戏剧中的重要元素。例如影响深远的《赵氏孤儿》、《霸王别姬》等，都是取材《史记》的。

《史记》具有强烈的人民性和战斗性，这首先表现在，书中揭露了封建统治阶级的丑恶面貌，讽刺了他们的虚伪和狡诈。例如，司马迁在《高祖本纪》中将刘邦写成是"受命而帝"的神圣人物，是因为"本纪"是帝王的传记，"本纪"要显示帝王是统领国家的最高首脑，是天下的本统所在，所以司马迁不得不写那些荒诞传说（当然也是为了避免被迫害）。但到了《项羽本纪》中，司马迁则通过将刘邦与项羽作比较，将刘邦怯懦、无能、流氓无赖、残酷无情的特征刻画了出来。此外，司马迁在《留侯世家》中写刘邦的贪财好色；在《萧相国世家》中写刘邦猜忌功臣；在《淮阴侯列传》中则借韩信的口，谴责刘邦诛杀功臣的罪行。司马迁通过这些描写揭露了刘邦的真实面目，从而勾销了在本纪中对刘邦的一些神圣颂扬。

司马迁不仅大胆揭露了封建统治集团的罪恶，还热情地描写了广大被压迫人民的起义反抗，表现出了对人民起义的肯定。例如，在《陈涉世家》中，司马迁激情澎湃地叙述了陈涉发动起义的经过和振臂一呼百姓呼应的革命形势，指出了农民起义的正义性，肯定了他们推动历史前进的不朽功绩。这是以后的封建正统史家所不可能达到的思想高度。

但是，《史记》也不是完美的，也存在某些缺点和不足。例如，《史记》中有"天命"、"灾异"和"历史循环论"的思想，这说明《史记》在"究天人之际"时，仍然没有完全摆脱"天人感应"的神学思想的影响。

无论如何，司马迁以其杰出的才华和令人敬佩的毅力作出的这部历史巨著《史记》，在中国文化史上树立了一座不朽的丰碑，司马迁和他的《史记》将永垂青史。

中国第一部纪传体断代史
——《汉书》

伟大的历史巨著《史记》之后,虽然也有刘向、刘歆、扬雄等人接着写后面的历史,但是,这些作品大多被东汉史学家、文学家班彪认为"鄙俗失真",跟《史记》的水平相差太大,不足以踵继司马迁之书。后来,班彪继续采集西汉遗事,又旁贯异闻,发愤续写前史,终于写成了《后传》六十五篇。这本书是《史记》的续本,但是"不为世家,唯纪、传而已"。

长江后浪推前浪,班彪的儿子班固后来认为父亲所作的《后传》前史未详("以彪所续前史未详,乃潜精研究,欲就其业"),所以在父亲《后传》的基础上,班固继续潜心研究,写成了继承父亲遗业、踵继《史记》的《汉书》。

《汉书》,又称《前汉书》,是我国第一部纪传体断代史。《汉书》主要记述了上起汉高祖元年(公元前206年),下至新朝的王莽地皇四年(23年)之间二百三十年的历史,共包括纪十二篇,表八篇,志十篇,传七十篇,共一百篇,后人划分为一百二十卷,共八十万字。

《汉书》在我国史书史上具有非常重要的地位,它是继《史记》之后我国古代又一部重要的史书,与《史记》、《后汉书》、《三国志》并称为"前四史",是"二十四史"之一。

班固(32年—92年),字孟坚,扶风安陵(今陕西省咸阳市东北)人,东汉官吏、史学家、文学家。班固的祖先在秦汉之际在北方从事畜牧业致富。后来班家便世代从政,并受儒学熏陶。班固一家两代人都是历史上杰出的人物。父亲班彪和妹妹班昭是史学家,弟弟班超是东汉名将、外交家。

如此一看，班固和司马迁在出身上有一定的相似之处，例如两人都是出身书香门第，而且两人的爱好和将来的研究方向都很明显受了家庭的熏陶。

班固自幼就非常聪明，他九岁就能诵读诗赋；十三岁时就得到了当时的著名学者王充的赏识；十五岁时进入洛阳太学学习，求学期间博览群书，研究九流百家之言，文学素养大大提高。

班固像

建武三十年（54年），二十二岁的班固正在太学认真求学，突然得到了他的父亲班彪病危的消息。不久，父亲病逝，班固决心继承父亲未竟的史学事业，续补《史记》。由此可见，班固和司马迁都是孝子，而这孝子的一片赤诚之心竟然也成了他们获得卓越史学成就的原因之一。

跟司马迁一样，班固撰写《汉书》的过程也不是一帆风顺的，也遇上了"人祸"。班固开始撰写《汉书》没多久，就有人到朝廷告发班固，说他在私改国史。这个罪名在当时可是大逆不道之罪，没容得班固申辩，他就被关入了大牢。历史竟有这般惊人的相似，当时司马迁在写《史记》时也经历了牢狱之灾。但是，班固比司马迁幸运，因为他有一个可以救他出狱的弟弟。班固的弟弟班超是东汉名将、外交家，自然说话也是有点分量的。班超听闻哥哥入狱的消息后，火速赶到洛阳，四处奔走，寻求救班固出狱的方法。

后来，"皇天不负有心人"，班超辗转将父亲班彪和哥哥班固的书稿交到了汉明帝的手中，并写了一封感人的申诉书，一是为哥哥申辩，二是言辞恳切地描述了父亲班彪和哥哥班固立志续写《史记》的理想，以此感动汉明帝。汉明帝看过书稿，对班固的才学大加赞赏，下令释放班固。

班固出狱后被调到京师做兰台令史，这个官职又跟司马迁当年出狱后做的中书令的工作性质差不多，这兰台是汉朝皇家藏书的地方，有大量的参考书可以用，这为班固撰写《汉书》创造了便利条件。从62年到82年，班固花了二十年时间，呕心沥血，《汉书》大体修撰完毕。

《汉书》的史料非常丰富，"整齐一代之书，文赡事详，要非后世史官所能及"，所以在史学史上无疑有着非常重要的价值和地位。书中所载历史的时代与《史记》有部分交叉，例如这两部历史名著中都记录了汉武帝中期以前的西汉历史。《汉书》在写到这部分西汉历史时，用了很多《史记》的旧文，但是因为班固和司马迁在思想上存在差异，而且取舍材料时的标准也不太相同，所以班固在用《史记》这部分历史时有很大的增删改动。

　　班固的《汉书》中，在写汉武帝以后的史事时，运用的资料更是丰富。除了吸收了父亲班彪的《后传》和当时十几家评读《史记》的资料外，班固还借工作的便利，采用了大量的诏令、奏议，还参考了类似起居注的《汉著记》、天文历法书。书中的不少原始史料，班固都是全文录入书中，因此从这点上来看，《汉书》比《史记》更有史料价值。

　　《汉书》多用排偶、古字古词，语言非常工整，遣词造句非常典雅。这点和《史记》口语化的语言形成了鲜明的对比。《汉书》开创了"包举一代"的断代史体例，史学家章学诚曾在《文史通义》中说过："迁《史》不可为定法，固《书》因迁之体，而为一成之义例，遂为后世不祧之宗焉。"

　　后来，班固因受窦宪的牵连，被免官被捕，后死于狱中。班固死的时候，《汉书》的《八表》和《天文志》尚未完成，于是，这个重任落到了班固的妹妹班昭的肩上。

班固的弟弟班超

　　班昭虽然是一名女子，但是她本身聪慧过人且十分好学，加上生活在这样一个文化气息浓厚的家庭，她便成了博学多才的一名女子，更成了中国第一个女历史学家。班固死后，汉明帝命班昭和马续一起，入东观藏书阁参考皇家藏书继续撰写。

　　班昭为了完成父亲和哥哥的遗愿，欣然前往藏书阁续写《八表》，《天文志》主要由马续负责。班昭没日没夜地查阅资料，孜孜不倦地阅读了大量史籍，整理、核校父亲和哥哥遗留下来的散乱篇章，并在原稿基础上补写了八表：《异性诸侯王表》、《诸侯年表》、《王子侯表》、《高、惠、高、后、文功臣表》、《景、武、昭、宣、元、成功臣表》、《外戚恩泽侯表》、《百官公卿表》和《古今人表》。至此，《汉书》历经四十年的编撰工作，终告完成。

虽然《汉书》由四人共同撰写，但是完结后的《汉书》读起来却"后先媲美，如出一手"，十分流畅和谐。《汉书》问世以后，读者多不通晓，班昭还投入了大量精力传播和普及《汉书》，教授大儒马融等诵读。班昭的才德深得汉和帝的器重，和帝多次召她进宫，让皇后和诸嫔妃拜她为师，向她学习儒家经典、天文、数学等知识，班昭也因此获得了"曹大家"的称号。

《汉书》是一部适应时代需要而出现的历史巨著，时代召唤出的《汉书》，正是适应封建政治和封建史学的需要，凭借一定的历史条件而问世的，它不仅在语言文字上大放异彩，而且在历史性、思想性、创新性上闪烁光辉。

《人物志》里的"识人"秘诀

如果说《论语》是处世之书,《孙子兵法》为战争之书,《韩非子》为统治之书,那么《人物志》则当之而无愧可被称为识人之书。

三国之争是实力的竞争,最终出现三国鼎立的局面,其实也是实力抗衡、人才竞争的结果。庞统先曹操,后孙权,再到刘备处,"待价而沽";诸葛亮虽躬耕南阳,却心系天下,寻找出仕机会;陈宫放弃稳定的工作,先跟曹操,后投吕布;赵子龙的第一个老板是袁绍,后转到公孙瓒手下,最后选择了刘备……这些人才的去向,代表了不同国家在这种变动下的实力的增减,进而在一定程度上确定了其国家地位。为了能在争霸中处于上风,各国都求贤若渴,十分重视选拔和重用人才。而怎么才能判断一个人是不是人才,如何才能确定其真正的价值呢?这时,出现了一部"识人指南",它就是刘劭的《人物志》。

《人物志》是一部系统品鉴人物才性的著作,也是一部研究魏晋学术思想的重要参考书。全书共有三卷,分为《九征》、《八观》、《材理》、《流业》、《材能》、《英雄》等十一篇,书中讲述的识别人才之术、量能用人之方以及对人性的剖析,放在今天仍然颇具借鉴价值。曾国藩曾将《人物志》放在案头,朝夕研究,从中悟到了很多识人之术。

《人物志》的作者刘劭是三国时期魏国的思想家,字孔才,广平邯郸(今属河北省)人,生卒年不详,主要活动于195年到245年之间。刘劭在汉献帝时期踏上仕途,先后担任过广平吏、历官太子舍人、秘书郎、尚书郎、散骑侍郎、陈留太守等职务。刘劭通览群书、博学多才,对哲学、文学、法律、礼乐、制度各科均有一定的研究,还曾执经讲学,还有《皇览》、《律略论》、《法论》、《乐论》等著作,但多已散失,现仅存《人物志》。

刘劭以人的筋、骨、血、气、肌与金、木、水、火、土五行相应，总结出弘毅、文理、贞固、勇敢、通微等特质。这五种特质又分别象征了"五常"——仁、义、礼、智、信，表现为"五德"。也就是说，一个人的特质具体表现为精神、形貌、声色、才具、德行。内在的材质与外在的徵象联系，呈现为神、精、筋、骨、气、色、仪、容、言等，为"九征"。"九征"兼至的人，"阴阳清和，中睿外明"，就是中庸，可称圣人，是君王之才。

在《人物志》中，刘劭将才、德并列标举，作为选拔人才的标准。依照不同的才性，刘劭将人物分为"兼德"、"兼才"、"偏才"等三类。《人物志》中所说的"才"，就是人的才能；"性"就是人的性情。通过德、法、术等三个层面，刘劭依其偏向，又将人们的才能分为十二种类型，即清节家、法家、术家、国体、器能、臧否、伎俩、智意、文章、儒学、口辩、雄杰。每个人的才能不同，他适合担任的官职和工作也不同。

"清节家"的特点是德行高尚，举止得体。例如春秋时期齐国的贤相晏婴就属于这种类型的人才。

"法家"的特点是建立法制，强国富民，例如春秋时期辅佐齐桓公称霸的管仲就属于这一类。

"术家"的特点是思维敏捷，颇有谋略，例如刘邦的谋臣张良便属于这一类。

"国体"的特点是兼有前三种才能，既是道德榜样，又能以法律整治天下，还能运筹帷幄，例如辅佐周武王的姜子牙就属于这一类型。

"器能"的特点是兼有"清节家"、"法家"和"术家"的才能，既是道德的表率，还能以法治天下，还非常善于应变。

"臧否"的特点是虽具有清节家的才能，但不够宽容，喜欢嘲讽。

"伎俩"的特点是虽有法家的才能，但不会深谋远虑。

张良像。刘邦的谋臣张良有"术家"的特点

"智意"的特点是虽有术家的才能，但不具备雄才伟略，机智有余，公正不足，西汉名臣陈平就属于这种。

"文章"相当于我们现在所说的"擅长写作"，其特点是善于著书立说，并且卓有文采，两汉著名史学家司马迁和班固都属于这种类型的人才。

"儒学"的特点是能注经解惑，但不善于从政问事。

"口辩"的特点是擅长辩论，甚至是诡辩，在日常交际中能随机应变。

有"雄杰"特点的人一般适合做武将，因为这种类型的人往往胆略过人，威猛异常，例如秦汉之际著名军事家韩信就属于这种类型的人才。

刘劭认为，有以上十二种才能的人，都只能担当人臣，与人主无关。由此可见，刘劭的人才论的目的，是为了让各类人才更好地服务于封建统治。

那么，知道了有这十二种类型的人才，有没有具体可循的方法将各类人才准确归类呢？刘劭在《人物志》中进而提出了包括"八观"、"五视"在内的一套甄别人才的有效方法，用以识别不同才能和不同性情的人才。

"八观"就是根据人在不同环境下，从人的行为举止、情感反应、心理

韩信像。韩信身上有"雄杰"的特点，适合做武将

变化等方面，由表象到内在，反复观察来识别人才。这"八观"一曰观其夺救，以明间杂；二曰观其感变，以审常度；三曰观其志质，以知其名；四曰观其所由，以辨依似；五曰观其爱敬，以知通塞；六曰观其情机，以辨恕惑；七曰观其所短，以知所长；八曰观其聪明，以知所达。

将这"八观"翻译过来就是：一是观察他在帮助别人的时候的表现，以了解他品质上的错综复杂；二是观察他对外界变化的反应，看他日常的处世态度；三是观察他的特殊素质，获知他的社会名声；四是观察他平常行为的来龙去脉，以辨别与其近似的类型；五是观察他对爱和敬的态度，看看他和别人的情感交流是否畅通；六是观察他的基本情绪，以辨别他是清楚还是糊涂；七是观察他的短处和长处；八是观察他的聪明程度，这样就能知道他以后能成就怎样的事业。

"五视"就是在居、达、富、穷、贫等特定情境中，考察人的品行。

《人物志》是刘邵晚年所写，因此这本书不但文理严密，而且作者将毕生的工作经验反映在了书中，书中的许多问题都是从实际需要出发去写的。所以，这本书是一本实操性非常强的"识人工具书"。这本书在古代一直未能得到重视，直到现代才被发现价值。

《人物志》以人君为核心，以各类人才为主导，将不同人才的心理、性情、才能、政治风格和道德修养等，巧妙地统一起来，形成了一件多维结构的理论珍品。作为中国乃至世界历史上第一部系统的人力资源专著，《人物志》以唯物主义的一元论为基础，以阴阳五行的朴素辩证法为指导，将诸家学说纳入其中，从多个角度、用不同方法来品鉴人物，将人才学、心理学、伦理学和政治学融为一体，奠定了中国人才学的理论框架。不论是古代还是现代，《人物志》都是领导选用人才必读的名著，正所谓"知人诚智，则众材得其序而庶绩业兴矣"。

陈寿和他的《三国志》

他几经亡国之痛，一生际遇坎坷。因为不愿谄媚巴结，得罪权贵；因为唾弃世俗，招致种种非议；又因为书中曲笔隐讳，记述失实，备受后人责难。但他所著的史书，叙事得法，有人因此称他为"良史"，并将他与古代著名史学家司马迁等人相提并论，这位集褒贬、毁誉于一身的史学家，就是魏晋时期的陈寿。

陈寿（233年—297年），字承祚，西晋史学家。陈寿自幼好学，而且非常喜欢史学，拜颇有名气的史学家谯周为师，学习历史；对《尚书》、《春秋》、《史记》、《汉书》等史书都有过深入的研究。后来，在搜集整理了大量蜀汉地区乡邦人物事迹的基础上，陈寿写出了《益部耆旧传》十篇。

跟很多当时的知识分子一样，在史学界有了一定的成就之后，陈寿走上了"学而优则仕"的道路，出任蜀汉政权的观阁令史，主管文献档案工作。当时，宦官黄皓专权，大臣们趋炎附势，极尽曲意逢迎之能事。陈寿不肯屈从黄皓，所以屡次遭排挤，在官场上很不得志。

入晋后，经过爱才的晋朝中书令张华的推荐，陈寿历任著作郎、治书侍御史等职。在任著作郎期间，陈寿受人委托编写诸葛亮的事迹，后编成《诸葛亮集》二十四卷，此时正值274年，陈寿四十一岁。280年，西晋灭东吴，结束了分裂局面。这时，四十八岁的陈寿开始撰写《三国志》。

陈寿写书的时代靠近三国，所以可以利用的前人成果并不多。在他之前，记述三国历史的书都只限于一国历史，例如专记孙吴，或只写曹魏，所以陈寿没有条件获得大量的文献资料，在阅读《三国志》时，我们会发现陈寿有史料不足的困难，很多内容的描述都不够充实。但是陈寿尽量克服困难，他利用自己熟悉蜀国历史，又编过《诸葛亮集》、《益部耆旧传》，对历史写作并不陌生等先天条件，并参考关于魏、吴历史的其他著作，创造性地将三国历史融合进一本书里，最后撰成魏书、蜀书、吴书共六十五卷，定名为《三国志》，详细记载了从魏文帝黄初元年（220年）到晋武帝太康元年（280年）六十年的历史。

《三国志》完成后，得到的评价非常高，见到书稿的人都称陈寿"善叙事，有良史之才"。据说当时有一个名叫夏侯湛的史学家正在撰写《魏书》，但是等他看过陈寿的《三国志·魏书》以后，他自叹不如，认为没有另写新史的必要了，所以主动毁掉了自己的书稿。从这个小故事就可以看出陈寿的《三国志》在当时受到了怎样的追捧。不光当时的人，后人对《三国志》更是推崇备至，认为在记载三国历史的史书中，独有《三国志》可以同《史记》、《汉书》相媲美。南朝人刘勰在《文心雕龙·史传》篇中讲："魏代三雄，记传互出，《阳秋》、《魏略》之属，《江表》、《吴录》之类，或激抗难征，或疏阔寡要。唯陈寿《三国志》，文质辨洽，荀、张比之迁、固，非妄誉也。"刘勰这段话的意思是说，《阳秋》、《魏略》、《江表》、《吴录》等史书不是论点偏激，论据不足，就是文笔疏阔，不得要领。只有陈寿的《三国志》实现了内容与文字表述的统一。荀勖、张华将陈寿和司马迁、班固相提并论，这个赞誉并不过分。

《三国志》善于叙事，取材精审。例如，裴松之的《三国志注》中，光记载汉魏交替之际的表奏册诏就有二十篇之多，而陈寿在《三国志·文帝纪》中，只用了一篇一百七十三字的册命就把这件大事写了出来。此外，在写到孙策的死时，《三国志》舍弃了《搜神记》等书上的荒诞传说，只写了孙策被许贡的刺客所击杀的史实。这些都反映了陈寿对史实认真考订、慎重选择的态度。

《三国志》的文笔非常简洁，行文简明、干净，书中很少有重复。陈寿常用不多的笔墨就能写出传神的人物，例如，《周瑜鲁肃吕蒙传》中写曹操听到刘备占据了荆州时的情态时，用七个字就精妙地描写出了当时的形势和曹操的心情："方作书，落笔于地"，这七个字生动地烘托出了刘备在曹操心目中和在当时局势中的地位。此外，书中在写谋士的方略、名士的风雅、武将的威猛时，也大多着墨不多，但是简单的几个字就能将这些人物的形象

明代商喜所绘《关羽擒将图》(局部),此图所画是《三国志》中关公水淹七军、生擒庞德的故事

刻画得栩栩如生。

陈寿还能在叙事中做到隐讳而不失实录，扬善而不隐蔽缺点。在当时那个各种政治关系复杂，历史与现实问题纠缠的时代，陈寿想方设法用各种曲折的方式反映了历史真实的一面。例如《三国志》对汉魏关系有所隐讳，但是陈寿的措词微而不诬，往往会从别处透露出一些真实情况。建安元年（196年），汉献帝迁都许昌，本是曹操企图挟天子以令诸侯的不臣之举，但是陈寿并未明确地写出曹操的政治企图，但他在《荀彧传》、《董昭传》和《周瑜鲁肃吕蒙传》中都揭露了当时的真实情况。由此可见，称陈寿为"良史之才"是十分准确的。

陈寿和其《三国志》在获得盛赞的同时，也有一些质疑和批评的声音，而这些质疑的声音中，意见比较一致和集中的是：《三国志》以魏为正统，魏国的帝王都列本纪加以记载，蜀、吴的皇帝则只用列传记载，因此没能据事直书，曲笔回护太多，替魏晋统治者隐恶溢美的痕迹太明显了。例如魏蜀之间的战争，凡魏国取胜的就大书特书，而蜀国取胜的，则一笔带过甚至只字不提。又如，魏国齐王曹芳被废黜一事完全是司马师一手策划的，事前太后并不知道此事。但是，《三国志·齐王芳纪》却记载了太后的诏令，历数曹芳无道不孝的罪行，说明他被废黜是非常公正的。凡此种种曲笔，都是《三国志》思想性较差的表现。但是历史上也有一些学者在分析陈寿的曲笔时，认为陈寿所处的历史环境比较特殊，处于改朝换代之际的修史者会顾忌更多的实际背景，所以《三国志》中出现那些曲笔也是可以理解的。

除了曲笔这一缺点外，《三国志》的另外一个缺点是其在历史观上非常有局限性，它过分夸大英雄人物的作用，过多宣扬天人感应和皇权神授的迷信思想，这都是为了巩固封建统治服务。《三国志》问世后一百三十多年，裴松之在旁征博引一百五十多种书籍的基础上，为《三国志》作注，写了著名的《三国志注》，也是一本不朽的著作，方便后人理解《三国志》。

陈寿一定不会想到，他在历史长河中摘取下来的这段六十年的历史，在一千七百年过后，不仅被后人奉为经典，还被人们发扬光大。《三国志》中所体现出来的智慧与谋略现今被世界各国的读者广泛应用在政治、军事、商业等各个领域，还被改编成小说、戏剧、电影、漫画、游戏等。可以说，《三国志》是展现中华民族集体智慧最壮美的篇章之一。

"洛阳为之纸贵"的《三都赋》

他生于山东临淄，出身低微，从小长得丑，脑子不太聪明，口舌也不太利落。他父亲教他写字，可是他即使努力了也写不好；父亲教他弹琴，他更是弹出了噪音。父亲恨铁不成钢，刚开始还对儿子充满殷切期望，后来所有的信心都消失殆尽，便经常批评他。这个在我们看来充满悲剧色彩的小孩，就是西晋著名文学家左思。他如何从一个天资不高的年轻人，长成了一个流芳百世的著名文学家呢？成功没有捷径，左思的成功方法也没有悬念，那就是不懈努力。

左思自知天资不高，但是他不愿意轻言放弃，所以他刻苦努力地读书。他相信"笨鸟先飞"，总能飞到终点。别人看一遍就明白的知识，他不惜花十遍、二十遍的工夫去看懂、读透。就这样，经过了几十年如一日的刻苦努力，左思终于成了一个博学的人，对于遣词造句也有了比较深刻的领悟，很擅长写诗和作赋。

有了一定的文学成就后，大多数知识分子都会走上"学而优则仕"的道路，而左思因为出身低微，也一直未能遇到认可自己的人，所以一直没有获得出仕机会。晋武帝时，左思的妹妹左芬被选入宫，成了晋武帝的嫔妃，左思一家人也跟随左芬搬到了京城，而左思也因而得了机会做了个小官——秘书郎，管理图书收藏与校写。因为当时的门阀社会非常重视门第，而左思出身寒微，所以仕途一直不得志。

晋武帝司马炎像

如果左思安心当自己的小官，趁工作之便读读书，每天按时上下班的话，他也许就会平淡地过完他的一生。但是，左思身上执著的品质注定他不会是一个甘于平庸一生的人。这个名不见经传的年轻人，因为自己写诗作赋的特长，而突然轰动文坛，成为西晋文学界的一颗新星，而成就他的这篇成名作，就是著名的《三都赋》。

《三都赋》包括《吴都赋》、《魏都赋》、《蜀都赋》。这三篇辞赋不只是写三个都城，还写了魏、蜀、吴三个国家的状况。

在写《三都赋》之前，左思已经写成了《齐都赋》，后来又准备参照张衡的《二京赋》来写《三都赋》。就在这时，左家举家搬到了京城。

虽然"秘书郎"的工作让左思能接近一些图书资料，但是因为左思出身低微，一直也没有什么游历的机会，所以他需要一些"三都"的一手资料。左思了解到，著作郎张载曾经有游历岷、邛（也就是今天的四川）的经历，于是就登门拜访，恳请张载帮助自己了解当地的山川、物产、风俗。后来左思的确通过张载掌握了很多有用的资料。

左思写《三都赋》并非一蹴而就，而是花了十年的时间，并且写作过程非常艰苦。左思的住宅之内，以至篱笆旁、厕所里，到处都放着纸笔，左思一想到什么文句，就随时随地记录下来。对于写成的内容，左思不断加以修改。

左思虽然是因为《三都赋》而蜚声天下，但是他刚写成《三都赋》时，并没有引起人们的重视。当时的社会因人废言，而左思的出身和职位都非常低微，所以他非常担心自己的作品被埋没。左思深信自己的《三都赋》丝毫不逊于班固的《两都赋》和张衡的《二京赋》，于是，他开始自己去找"伯乐"。左思特地去拜访了当时在社会上享有盛誉的学者皇甫谧，将自己的《三都赋》给皇甫谧看。是金子总会发光，皇甫谧看了《三都赋》以后，大为赞叹，并亲自为《三都赋》写了序言。后来张载、刘逵等人也都为左思的《三都赋》注解。好作品加上名人推介，左思和他的《三都赋》一下子名声大噪。据《晋书》本传记载，"于是豪贵之家竞相传写，洛阳为之纸贵"，是说当时的富豪、有地位的人带头，都竞相抄写《三都赋》的内容，竟造成了纸张供不应求、纸价上涨的情形。"洛阳纸贵"的成语典故，便是由此而来。后来人们就用这一成语，来比喻有价值的著作风行一时。

洛阳的牡丹十分出名。图为明代的《牡丹图》

《三都赋》为何会如此受欢迎呢？从其艺术特色上来分析，原因主要有以下几点：

第一，《三都赋》的内容非常丰富，它详尽地描写了魏、蜀、吴三国的重要人物、歌谣舞蹈、山川城邑、鸟兽草木。如《蜀都赋》所写："于是乎邓竹缘岭，菌桂临崖，旁挺龙目，侧生荔枝。布绿叶之葵葵，结朱实之离离。迎隆冬而不凋，常哗哗以猗椅。孔翠群翔，犀象竞驰，白雉朝稚，猩猩夜啼，金马骋光而绝景，碧鸡倏忽而唯仪。"这段话写出了当时蜀中特有的果木与禽兽。又如，"火井沉荧于幽泉，高焰飞煽于天垂"。这是对蜀中神奇的天然气资源的纪实描写。

第二，左思对《三都赋》的语言进行了千锤百炼，其辞藻非常华丽，在描写某一对象时往往会从多个角度进行大量的铺陈，这也是当时辞赋常用的特点。例如，"尔乃邑居隐赈，夹江傍山。栋宇相望，桑梓接连。家有盐泉之井，户有橘柚之园。其园则林檎枇杷，橙柿樗楟。櫼桃函列，梅李罗生。百果甲宅，异色同荣。朱樱春熟，素柰夏成……其园则有蒟蒻茱萸，瓜畴芋区。甘蔗辛姜，阳蓲阴敷。日往菲薇，月来扶疏。任土所丽，众献而储"，描绘了蜀中沿江城镇人家的景色。

第三，《三都赋》的创作极具求实精神。"其山川城邑，则稽之地图；其鸟兽草木，则验之方志；风谣歌舞，各附其俗"，意思是说作者写山川城邑，都是照着地图写的；写鸟兽草木，则是按照记述地方情况的史志来写的；写风谣歌舞，都是以实际的风俗来写的。正是这样，《三都赋》也因此缺乏了想象力。

相传，以文才著称于世的吴郡人陆机游历洛阳时，被洛阳的繁华景象所感染，想写一篇《洛阳赋》来抒发情怀。他听说一个名叫左思的小人物要写《三都赋》时，还笑他自不量力。十年后，陆机看到左思写成的《三都赋》时大吃一惊，自叹不如，绝口不提要写《洛阳赋》的事了。

左思在别人的冷嘲热讽和质疑声中，从来没有停止过努力，而是努力在逆境中走出了一条属于自己的精彩的路，完成了自己的惊世之作，这是给那些嘲讽者和质疑者的最好反击。

开创古代神话小说先河的《搜神记》

自秦代以来,神仙之说盛行,那些打下半壁江山的帝王们为了让自己的统治万年不倒,也希望自己真的是"万岁"。但是"万岁"不符合科学规律,于是,那些帝王贵胄们便开始相信神仙方士,向他们求取可以让自己长生不老的仙丹妙药。例如秦始皇曾经非常信任那些神仙方士们给自己的长生不死之药;汉武帝时,因为盛行谶(chèn)纬神学,出现了历史上著名的巫蛊之祸;到了魏晋南北朝时期,各种宗教盛行,迷信之风更是一发不可收拾,出现了很多深受百姓喜爱的风水专家。而就在这一时期,大量描写鬼神的志怪小说也应运而生,而其中的《搜神记》是当之无愧的代表作,它开创了我国古代神话小说的先河。

干宝,东晋新蔡(今河南省新蔡县)人,出生年月不详。因为家境不富裕,干宝从小便勤学苦读,在史学方面颇有见地,后来被晋元帝司马睿授予著作郎的职位,专门负责修国史。在位期间,干宝撰写《晋纪》二十卷,被当时的人称为"良史"。一个好好的史官不专心修史,怎么写出了这本《搜神记》呢?原来,这本书纯粹是由干宝的个人兴趣促成的。

干宝很相信鬼神,在阴阳术数方面很有特长。他在《自序》中称,"及其著述,亦足以发明神道之不诬也"。这句话的意思是说,干宝就是想通过搜集前人著述及传说故事,证明鬼神确实存在。由此可见,干宝是一个"坚定"的有神论者。

据说,干宝之所以这么坚定地相信鬼怪之说,是因为他的家族就曾遇上过不少只能用鬼怪神灵才能解释的事。在干宝小时候,他的父亲便去世了,父亲去世的时候有一个侍婢陪葬。十年之后,干宝的母亲去世,要和干宝的父亲合葬,于是打开了墓室,结果他们惊奇地发现陪葬的侍婢竟然还活着,这个侍婢还绘声绘色地讲了在墓中时，干宝的父亲还找食物给她吃。后来，这个侍婢说事情的吉凶非常灵验。干宝家发生的奇怪事还不止这一件，据说干宝有个哥哥常年生病，有一次竟然气绝多日，但是尸身一直未冷，所以他们就未将干宝哥哥下葬。不久，干宝哥哥苏醒，还说自己见到了天上的许多鬼神。

干宝亲身经历了这两件奇怪的事之后，更加相信世间存在鬼神。加上在当时，人们都或多或少地相信神鬼之说，而且当时的科学水平不发达，人们无法解释的奇怪现象很多，于是都归于神鬼之说。人们对另一个世界颇为好奇，在现实中看不见、得不到的，都将它安排在另一个世界实现，于是鬼怪故事也一直有市场。于是，干宝便"撰集古今神祇灵异人物变化，名为《搜神记》"，一是为了证明他坚信的鬼神确有其事，同时也为人们茶余饭后提供一点消遣。

《搜神记》全书共二十卷，有大小神怪故事四百五十四个。从干宝在《自序》中所说的话我们知道，他写此书的目的就是为了证明鬼神的确存在，所以《搜神记》里所写的故事多为神怪故事，还有一些民间传说和神话故事。故事中的主角有鬼、有妖怪、有神仙。在科学非常发达的今天来看，《搜神记》的思想价值不高，但是在文学方面还是很有价值的。文章想象力奇特，极具浪漫主义色彩。

《搜神记》中有佛道信仰的因果报应，有妖祥卜梦的感应，有神仙术士的神异，还有人神、人鬼的恋爱故事，内容非常丰富。其中有一些西汉流传下来的神话传说故事非常动人，为人们所津津乐道。例如"蚕马神话"是有关蚕丝生产的神话；"紫玉传说"讲的是吴王小女的生死爱情；民间故事"东海孝妇"讲的是孝妇周青蒙冤的故事；"韩凭妻"的传说则歌颂了忠贞不渝的爱情；我们熟悉的"仙女下嫁董永"的故事也是歌颂爱情的。这些故事不光歌颂了劳动人民的善良坚贞，歌颂了男女之间的纯美爱情，同时也暴露了统治阶级的残酷，歌颂了那些反抗者们的勇敢，常为后人称引，所以它们是《搜神记》的精华所在，流传了千百年还长盛不衰。

《搜神记》的篇幅不长，情节相对简单，叙述简洁，但是人物形象却十分鲜明，而且想象奇幻，语言雅致清峻、曲尽幽情，极富浪漫主义色彩。这些都体现了《搜神记》在艺术技巧上的成熟。这里，我们选取其中两则故事,感受《搜神记》的这些艺术特点。

《搜神记》中一些颂扬神仙方士、幻术异术的故事,往往能写出呼风唤雨、驱鬼召神的景象,极具浪漫主义色彩。例如东晋文学家、训诂学家、著名阴阳占卜学家郭璞的故事。

话说有一次郭璞来到庐江,他感觉此地是个不祥之地,于是劝太守胡孟康赶紧返程,但是胡孟康不信郭璞的话,于是郭璞打算先行离开。但是郭璞看上了太守的一个婢女,想把她一起带走,可是苦于找不到合理的理由。后来,郭璞弄来三斗小豆撒在太守的住所四周。太守早晨起来便看到有几千个穿着红衣服的小人围着他的家,太守仔细一看,小人们不见了,再一转眼,小人们又出现了。太守被这种异象困扰,于是请教郭璞。郭璞说,太守只要低价卖掉那个婢女,然后将自己给他的符咒扔进井里,红衣小人就可不见了。后来,太守照做了,异象果真没有了。太守信守承诺,郭璞便兴高采烈地带着婢女离开了。结果,郭璞离开没多久,庐江就陷落了,甚是奇怪。三斗小豆变三千红衣小人,郭璞一离开,庐江便陷落,这些情节和场景有着奇幻的想象力,极具浪漫主义色彩。

而那些歌颂坚贞爱情、反抗强权的神话故事和历史传说,不光有奇幻的想象,还刻画出了鲜明的人物形象,"韩凭妻"的传说便是如此。

战国时期,齐康王夺走了门客韩凭的妻子何氏,还将韩凭打发去修长城,韩凭夫妻十分悲痛。后来,韩凭的妻子偷偷给韩凭写了封信,但是不料这封信落到了齐康王手里。这是一封向韩凭表示思念并决绝的信,齐康王看过后大怒。不久,韩凭"畏罪"自杀。随后,韩凭的妻子也跳楼自杀,而且留下遗嘱,希望能将自己和夫君韩凭合葬。但是齐康王不许,而且将二人的坟墓修成了相望而不能相及的距离。并说:"如果你们能自己把坟合起来,我就不再阻挡你们。"

不久后,韩凭夫妇两人一棵大梓树,而且两棵根错节地缠绕在了一而且树上还有一对鸳鸯慨。后来,人们被这对

结果,非常奇怪的是,的两座坟上各自长出了大树朝对方弯过去,盘起,怎么也分不开。交颈悲鸣,让人心生悲夫妇的坚贞感情所感

王祥的卧冰画像砖,这个故事出自《搜神记》

动,便将这棵树叫做"相思树"。在这个故事中,韩凭的妻子给丈夫写信、跳楼自杀、留遗书求合葬等几个情节,虽着墨不多,但是她不畏强权、对感情坚贞的形象已经跃然纸上,让人对这个女人肃然起敬,也被他们夫妻深厚的感情深深感动。

  虽然《搜神记》写作的目的是为了证明神仙鬼怪的存在,在思想性方面有不可取的一面,但是它保留了相当一部分优秀的民间故事和传说,为后来的文学戏剧创作保存了大量宝贵的资料。例如关汉卿的《窦娥冤》,蒲松龄的《聊斋志异》,戏曲《天仙配》等许多传奇、小说、戏曲,都和《搜神记》有着密切的联系。而且,它宣扬的祸福由天、善恶有报的思想,虽然具有浓厚的迷信和宗教色彩,但在一定程度上也有劝人们向善的积极作用,而且展现了中华民族丰富的想象力。从这两方面来说,《搜神记》是我国优秀文化遗产不可或缺的一部分。

阅读《三国志》的工具书
——《三国志注》

　　《三国志》的文笔非常简洁，叙事非常精练，正是因为它的简略，造成了一些遗漏，不方便人们理解当时的史实。例如像发明家马钧、哲学家王弼等重要的历史人物，还有曹操实行屯田等重要的历史事件，《三国志》只用寥寥数字带过，或者干脆缺失。所以，在读《三国志》时，必须结合裴松之的《三国志注》来理解。由此可见，《三国志注》是陈寿的《三国志》的重要组成部分，对理解三国历史非常具有参考价值。

　　裴松之（372年—451年），字世期，南朝宋河东郡闻喜县（今山西省闻喜县）人，西晋末年移居江南。裴松之祖上世代为官，家境富裕。裴松之天资聪颖，从小就热爱读书，八岁便能通读《论语》和《诗经》注释本，后来随着年龄增长，学识日益精进。晋孝武帝太元十六年（391年），二十岁的裴松之开始担任殿中将军。晋安帝司马德宗义熙初年，裴松之先后担任员外散骑侍郎、吴兴故鄣县县令等职，后升为尚书祠部郎。义熙十二年（416年），太尉刘裕（即后来的宋武帝）率军北伐，裴松之时任司州主簿随军北行，在此期间深得刘裕赏识，刘裕称赞裴松之有"庙廊之才"，裴松之遂成为刘裕集团中的重要成员。

　　南朝宋永初六年（420年），刘裕建立宋朝，裴松之受宋武帝刘裕赏识，继续在朝中做官。后刘裕的儿子宋文帝继位，喜欢读史的宋文帝深感《三国志》过于简略，阅读起来有一定的困难，于是命令裴松之为这部书作注。

　　裴松之接受这一任务后，对宋文帝的委以重任深为感恩，于是广泛搜集

材料，认真研读《三国志》，全力以赴地撰写《三国志注》，只用了几年时间就完成了本书。宋文帝看过裴松之呈上来的《三国志注》后，对本书大加赞赏，说《三国志注》是一部不朽之作！

《三国志注》（也称"裴注"）光引书就有二百余种，而其字数相当于《三国志》的三倍。裴注主要是弥补《三国志》的不足，矫正谬误，辨明是非，并对有关史家和著作予以评论。裴松之在其《进书表》中非常清楚地说明，其注是"寿所不载，事宜存录者，则罔不毕取以补其阙"、"同一事而事有乖离，或出事本异疑不能判，并皆抄纳以备闻"、"纰缪显然，文不附理，则随违矫正以惩其妄"。唐宋时有文人认为裴注很"繁芜"，甚至有人说裴注都是陈寿书中的"弃余"，这种说法显然过于武断，没有认清裴注的出发点和其意义。

根据裴松之的《进书表》中所说，其注第一是"寿所不载，事宜存录者，则罔不毕取以补其阙"。裴松之为了能弥补《三国志》的缺漏，他大量翻阅了各家史学著作，尽量给出有建设性的补缺知识。但是在这些史学著作中，有很多各不相同、甚至对立的记载，对于这种情况，裴松之能作出比较客观准确的判断的，他都写出了结论，但是对那些不易判断是非对错的材料，裴松之并未武断地给出自己的理解，而是将这些材料一并收入自己的注中，留给后人自己去判断，这就是裴松之说的"备闻"——"同一事而事有乖离，或出事本异疑不能判，并皆抄纳以备闻"。

如《武帝纪》注中，裴松之引郭颁《魏晋世语》中记载的魏讽的事迹后，写道："王昶《家诫》曰：济阴魏讽。而此云沛人，未详。"在《张邈传》注中，裴松之引完《献帝春秋》后讲："案本传邈诣术，未至而死，而此云谦称尊号，未详孰是。"裴松之喜欢用"未详"、"未详孰是"、"未知何者为误"等语句来处理各种存在争议的材料，这种实事求是的学风在当时的封建官僚中实属少见。

除了查漏补缺，裴松之还说，其注"纰缪显然，文不附理，则随违矫正以惩其妄"，也就是说，对于陈寿的《三国志》中明显存在错误的地方，裴注要纠正错误，即"惩其妄"。而裴注纠正《三国志》的方法，主要有两种。

明代商喜所绘《关羽擒将图》（局部）

第一种纠错的方法是"举陈书前后乖舛之处，自证其误"。也就是说，通过《三国志》中出现的前后矛盾，让陈寿自己指出自己的错误，"以子之矛，攻子之盾"。例如，《武帝纪》中记载，官渡之战前曹军"兵不满万"，裴松之认为这个数目不对，认为"未应如此之少"。而随后，他就在《荀彧传》中找到了陈寿自己反驳自己的事实——曹军"十万之众"。此外，《明帝纪》记载，魏明帝去世时三十六岁，裴松之对此存在异议，反驳说："魏武以建安九年八月定邺，文帝始纳甄后，明帝应以十年生，计至此年正月，整三十四年耳；时改正朔，以故年十二月为今年正月，可强名为三十五，不得三十六也。"这么一看，根据陈寿自己的记载，掐指一算，魏明帝去世时应该是三十四岁，就算时改正朔，魏明帝去世的十二月看做下一年的正月，那也勉强为三十五岁，陈寿所说的三十六岁是怎么也算不出来的。

裴注的第二种纠错方法是引用其他史家的著作来纠正《三国志》的错误。例如，《朱然传》记载，朱然于赤乌五年战败魏将事，裴注对此表示不认同，于是引孙盛的《异同评》来指出陈寿的错误——"陈寿误以吴嘉禾六年为赤乌五年耳"。

裴松之在补充《三国志》的缺漏，纠正《三国志》的错误的同时，对品评历史人物和历史事件有着浓厚的兴趣，他有时候引述其他史家的评论，有时候亲自加以点评。而且他的观点还时常与一般学者不同。例如，《关羽传》中写了关羽投奔刘备，曹操组织其手下追杀。裴松之评价道："臣松之以为曹公知羽不留而心嘉其志，去不遣追以成其义，自非有王霸之度，孰能至于此乎？"意思是说，我裴松之认为，曹公知道关羽去意已决，而心里还是很认可关羽，所以成全了关羽，这实在是帝王的气度。这类评论在注文中别具一格，有时能起到画龙点睛的作用，有时能引发读者的异议，启发读者研究历史的兴趣。

《三国志注》自问世以来，褒贬的声音一直同时存在。有人认为它考辨精当，评论公允，是一部不可多得的史注，而另一些人则认为它引用了过多的史料，所以太过繁杂。但是，综合裴注成书年代较早的历史背景和作者裴松之严谨的治史态度，它的可信度和其参考价值还是很值得肯定的。因此现代史学家才将《三国志》与《三国志注》作为三国史书的"双璧"。

肯定女性历史作用的史书——《后汉书》

在封建社会，妇女要遵从"三从四德"等封建礼教，地位非常低下。因此，在汉代以前，虽然史学著作很多，而且这些史学著作中也有很多历史名人的传记，但是仔细观察就会发现，从来没有史学家为妇女立传，很多杰出的女性也随着历史的变迁而被人们遗忘。直到南朝宋代著名史学家范晔的《后汉书》出现，才结束了这种情况。

《后汉书》是"四史"之一，其他三史——《史记》、《汉书》、《三国志》我们在前面已经讲过。《后汉书》的作者范晔（398年—445年）是南朝宋代著名史学家，生于顺阳县（今河南省淅川县）一个世族家庭。范晔的祖父范宁曾经官居晋豫章太守，还写过《谷梁集解》一书；范晔的父亲范泰做过金紫光禄大夫，加散骑常侍，曾经是宋武帝刘裕的得力助手，著有《古今善言》二十四篇。生在这样一个书香门第，范晔耳濡目染，从小便热爱学习，读了很多历史、政治、哲学著作。史书上说，范晔不光博览群书，还擅长写文章，而且字写得也很漂亮，还精通音乐，简直就是一个全才。"优秀"是范晔自小养成的习惯，他在仕途上和著述方面积极上进，不甘居人后，但是因为出身名门，加上自己的学识水平颇高，范晔一直非常孤傲，而且不拘小节，后来他也因此丧命。

范晔刚踏入仕途时，在彭城王刘义康（宋武帝刘裕的第四子）的手下任职，而且颇受重用。424年，彭城王的母亲去世。就在安葬的当天晚上，范晔竟然不拘小节，喝醉酒听挽歌取乐，这触怒了彭城王，范晔因此被贬为宣城（今安徽省宣州市）太守。范晔遭此变故后变得郁郁寡欢，于是他便借修史来寄托他的志向。范晔在记述东汉历史的各家著作的基础上进行增补，撰成了

《后汉书》一百卷,而这部著名的作品又为他的仕途打开了一条道路。宋文帝看到《后汉书》后对范晔大加赞赏,并委以重任。但是范晔却因此遭到了同事们的讽刺和排挤,一直不太得志。后来,范晔为了能盘活自己仕途这盘棋,他参与了拥戴刘义康谋反的活动,于当年年底被杀害,年仅四十八岁。

范晔的一生虽然短暂,但是能留下《后汉书》这样影响深远的著作,也可以说是不虚此生。无论从思想性上来说,还是从编纂体例上来说,范晔的《后汉书》都堪称是一部史学经典。

从思想性上来看,《后汉书》不光批判了东汉流行的谶纬迷信现象,而且揭露了东汉后期豪强专权下的黑暗政治,还探讨了东汉为政的得失,而且在评价历史人物时往往能抓住历史矛盾进行具体分析,得出视角独特的见解。例如,一般史学家大多对光武帝建国后不任用功臣的行为表示不满,但是范晔在《后汉书》中则指出,这正是光武帝的深谋远虑。他认为光武帝授功臣爵禄,而将吏事委之吏职,这样既避免了西汉初年的分裂动乱,又给那些想要进入仕途为官的人才以机会和信心。此外,《后汉书》中特立了《列女传》,在纪传体史书中开创了为妇女立传的先例,而著名的汉末女诗人蔡文姬就收在其中。在当时那个"男尊女卑"的封建社会,敢率先公开为妇女立传,肯定她们在历史上的作用,足见作者的勇气和独创性。而这一举措也为妇女在正史中争得了一席之地。

从编撰技巧上来看,《后汉书》在继承前代纪传体制的基础上又有所创新。《后汉书》保留了前人纪传体制中的"纪"、"传"、"志"的体例,但又有所创新。例如,在人物类传方面,《后汉书》除了承袭《汉书》中的《儒林》、《酷吏》等类传外,还结合东汉社会的特点,创建了《党锢》、《宦者》、《文苑》、《独行》、《逸民》、《方术》、《列女》等七种新的类传,后来被后世广泛承袭。此外,在合传方面,范晔不拘泥于时序,而是把有相似点的人物放在

汉光武帝刘秀像

牡丹庭院又春深一寸光陰萬兩金掃䦒起来人解只緣難放惜花心
唐寅

明朝画家唐寅所绘《牡丹仕女图》

一起撰写，这使编者容易理解，对后世史学编纂有很大影响。

除了思想性和体例上的独特之处外，我们更应该赞扬的，是《后汉书》鲜明的观点。例如，范晔不愿意为那些无所作为的官僚立传，充分表明了他的爱憎分明；《宦者传》对蔡伦等"一心王室"的忠良之士予以赞扬，但是对于侯览等人则直书其"凶家害国"。

范滂像

除了思想性和体例上的创新之外，《后汉书》还非常擅长刻画人物，其中的人物个性突出、形象生动。例如舍生取义的李膺、范滂，倜傥不羁的王符、仲长统，不畏强权、性格耿直的张衡等。《张衡传》是《后汉书》中著名的人物传记之一。文章叙事波澜起伏，从多方面展现人物的思想性格，表现了中国古代科学家、文学家张衡在科学、文学上的杰出成就以及政治上的建树。

范晔非常擅长用细节来刻画人物。例如《梁鸿传》中写梁鸿少时牧于上林苑中，曾因家里失火而殃及邻居，他赔不起人家，便给人家作奴，这足见其耿介旷达的隐士风范。又如在《光武皇帝本纪》中写光武帝时写到这样一个故事：刘秀的亲叔伯兄长刘演因遭更始帝刘玄忌恨而受害，刘秀听说后，亲自去向刘玄请罪，还不敢为兄长服丧，饮食跟平时一样，这一细节的描写突出表现了刘秀隐忍狡诈的性格。当然，这些细节的描写可能都有史实依据，但是仍然离不开范晔的提炼描摹之功。

《后汉书》不光具有很高的文学价值，而且具有很高的史学价值。作为记载东汉历史的少数几本留存下来的经典史学著作之一，《后汉书》的史料价值非常珍贵。《后汉书》再现了东汉的历史，保存了东汉一代的诸多史料。对于东汉的朝代更替、历史大事件，以及政治、经济、文化状况，《后汉书》中都有记录。《后汉书》仿照班固的《汉书》，保存了东汉学者大量有价值的论著，例如《崔寔传》中载其《政论》一篇，《张衡传》中载其《客问》、《上陈事疏》和《请禁图谶》等三篇，这些论著都是后代研究东汉社会的珍贵史料。

"志人小说"的代表作
——《世说新语》

魏晋南北朝时期是中国历史上最混乱、最动荡的时代,在这个混乱动荡的年代,人们在精神上也是极其自由奔放的,最富于热情和智慧,这在南朝刘宋时期的文学家刘义庆撰写的《世说新语》里有非常充分的体现。

《世说新语》是刘宋宗室临川王刘义庆(403年—444年)撰写的一部记述东汉末年至东晋时豪门贵族和官僚士大夫的言谈轶事的书。刘义庆本是宋武帝刘裕的弟弟长沙王刘道怜的儿子,他十三岁时被封为南郡公,后过继给叔父临川王刘道规,所以袭封为临川王。刘义庆从小就很聪明好学,深得宋武帝和宋文帝的赏识,备受礼遇,在诸王中颇为出色。

《世说新语》是刘义庆在担任江州刺史与南兖州刺史时所作,开始编撰这本书时他已经三十八岁了。很多人认为《世说新语》并非刘义庆独自编撰的,而是由其门客根据裴启的《语林》等类似著述集体编撰的,但是可以肯定的是,这本书是由刘义庆主持编撰的。虽然本书出自很多人之手,但是全书的体例风格却大体一致,这应当归功于刘义庆这个主编的工作得力。

《世说新语》原来叫《世说》,后改名为《世说新语》。《世说新语》全书分上、中、下三卷,上卷四门——德行、言语、政事、文学,中卷九门——方正、雅量、识鉴、赏誉、品藻、规箴、捷悟、夙慧、豪爽,这十三门都是正面的褒扬。全书共有一千多个故事,每个故事的文字长短不一,有的只有三言两语,记述了魏晋名士的"非常之言"、"非常之行"和"非常之道",展现了一个不可复得的绝版时代。胡应麟称赞这本书说:"读其语言，晋人面目气韵，恍忽生动。而简约玄澹，真致不穷，古今绝唱也。"是说读这本书的语言，就像眼前看到了晋朝时期那些名士的形象。鲁迅称该书为"名士底教科书"，由此可见《世说新语》的魅力非同一般。

《世说新语》里的小故事虽然篇幅都不长，但是写得都十分生动有趣。它记录了一大批特立独行的风流名士，让读者为他们的魅力所折服。

例如，在写到东晋宰相谢安的故事时，《世说新语》寥寥数笔，就将谢安善良宽容的形象生动地描绘了出来。谢安还小的时候，随着自己的哥哥谢奕到剡县赴任而来到剡县。当时，有一个老头犯了法，哥哥惩罚这个老头喝酒，喝醉了以后不让老头休息。谢安当时七岁，看到这个情景非常于心不忍。谢安对哥哥说："哥哥，老人家那么可怜，怎么可以做这种事？"谢奕听了弟弟的劝说就把老头放走了。后来谢安当了宰相，有一些逃亡的士兵仆役藏在水泽，经常出来为非作歹，有人主张将这些人抓起来依法严惩，谢安听了不以为然，说："如果连这些人都容不下，怎么能是京都呢？"

又如，三国时期，司马昭想和阮籍结为儿女亲家，阮籍不肯，但是碍于司马昭的权势地位，也不好直接拒绝，于是连续六十天，阮籍天天喝得烂醉如泥，使得司马昭没有机会来提亲，后来司马昭只好作罢。

顾荣是西晋末年拥护司马氏政权南渡的江南士族首脑。有一次，在一个宴会上，顾荣看出一个烤肉厨子非常想尝尝自己烤的肉的味道，于是就拿了一块给了厨子吃。结果，顾荣的举动遭到了同座的耻笑，同座的人认为他太失身份。顾荣见状非但没感觉到尴尬，反而生气地说："厨子整日烤肉给别人吃，却不知道烤肉是什么滋味，有这样的道理吗？"只是赏肉的举动和斥责别人的这句话，就将顾荣正义敢言、悲悯下人、不畏世俗眼光的形象生动地刻画了出来。后来，战乱四起，每当顾荣遇到危难，总会有一个人帮助自己，后来仔细一问才知道，原来这个人就是当时那个厨子。

《世说新语》中还写到了一些相貌特征和性格特征都很鲜明的人，例如康僧渊。康僧渊是西域的高僧，他长得眼深鼻高，他来到建康（今南京）时，王异经常嘲笑他的相貌跟周围的人不一样，康僧渊非但不生气，反而十分得意地说："鼻者，面之山，目者，面之渊。山不高，则不灵，渊不深，则不清。"几句话巧妙地化解了别人嘲笑他时的尴尬。

《世说新语》虽然是由一个个小故事构成的，但是却非常有思想深度和玄远哲理。书中描写的大批名士的最大特点，是重视个人的自由。正是有了对个人意志尊重的思想，才出现了奇才辈出的局面，文学艺术才得以大放异彩。例如从王徽之"雪夜清兴"的故事中，我们就可以看到当时的文人们自由奔放的个性。

王徽之是王羲之的儿子，官至黄门侍郎。王徽之在山阴县居住的时候，有一天晚上，突然下了大雪。王徽之看着这皑皑白雪突然心生感慨，喝着酒吟诵起了左思的《招隐诗》。喝着酒诵着诗时，王徽之突然想到了自己的好友戴逵，于是，他起身准备去见戴逵。戴逵远在剡县，跟山阴县有很远的距离，可是王徽之根本不管这些，命人备了船，深夜冒雪前去。

经过一晚上的跋涉，王徽之第二天早晨终于来到了戴逵家门口，突然王徽之告诉下人自己要原道返回，不和戴逵见面了。下人很不理解，问他为什么要原道返回。王徽之说："我本来是乘兴而来，兴尽而返，见不见戴逵根本就无所谓。"

王徽之的行为任性随意，非常能显示出魏晋时期名士们思想自由、清高风雅的生活态度。所以"雪夜清兴"的故事历来为后人称道。

除了写名士很出色之外，《世说新语》在描写帝王时文笔也很精彩。例如晋明帝刚继位就赶上了王敦兴兵谋逆，他竟然亲自穿上军

宋末元初画家钱选所绘《王羲之观鹅图》（局部）。传说东晋大书法家王羲之生性喜鹅，此图即据传说附会而成

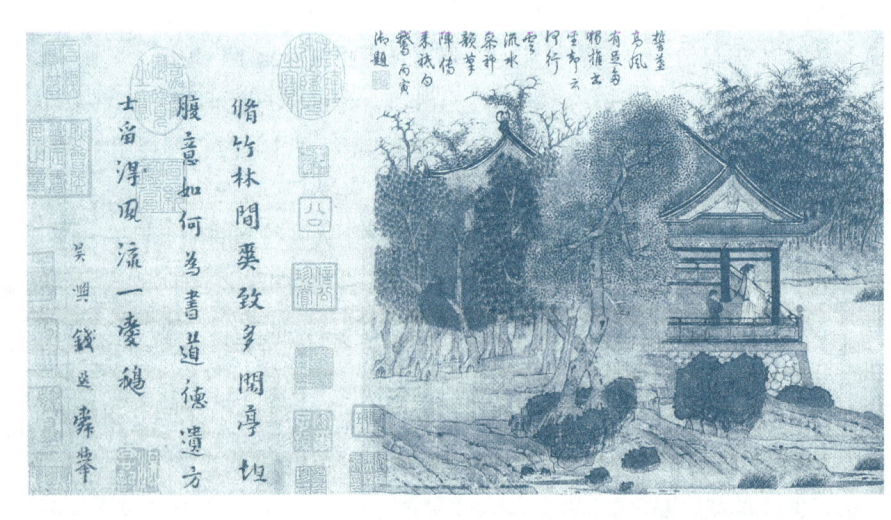

装，骑着高头大马，前往敌营侦察形式，由此可见晋明帝是真正的勇士。

《世说新语》不光非常有文学欣赏价值，还很有史料价值。它不光是一部笔记体小说集，也是一部杂史体史书。它比较全面地记述了东汉末年到东晋两个多世纪内名士们的生活和思想，以及统治阶级的情况，涉及政治、经济、文学、教育等多个领域。读者通过阅读书里的故事，可以了解魏晋时期文人的思想言行和上层社会的生活面貌，进一步了解当时名士们所处的政治社会环境，更让我们清楚地看到了所谓"魏晋清谈"的风貌。

《世说新语》对后世有着十分深刻的影响，后世出现了很多模仿它的笔记小说，还出现了不少取材于它的戏剧、小说。鲁迅曾评价《世说新语》"记言则玄远冷隽，记行则高简瑰奇"，足见其艺术价值。

中国第一部系统文艺理论巨著
——《文心雕龙》

在今天的山东省日照市莒县的浮来山上,有一座定林寺,这座寺庙始建于南北朝时期。很多年前,有一位法名慧地的僧人圆寂于这座寺庙里。说他的法号估计大家不太熟悉,如果说他的原名,大家就比较熟悉了。这位法名慧地的僧人,就是中国历史上著名的文学理论家、《文心雕龙》的作者刘勰。

刘勰(465年—520年),字彦和,生活于南北朝时期。刘勰早年家境贫寒,在他很小的时候,父母就去世了,做越骑校尉的父亲什么也没有给他留下,只留下了一堆书籍。刘勰非常珍爱这些书籍,每天砍柴回家,总要苦读到半夜。可是,刘勰此时还是个少年,没多少干活的本领,家境又贫寒,根本没钱买灯油,很多时候晚上都没办法读书,于是他想了一个好办法——到点着长明灯的寺庙去借光。

在离刘勰的家十几里外的地方,有一个定林寺,刘勰便每天跑十几里地到定林寺去借光读书。定林寺的主持叫僧佑,是南朝的一位高僧,自幼便因为喜欢佛学,很早就出了家,多年研究史书典籍,禅房里收藏着不少古代名著。

这天,一个夜里值班的小和尚慌慌张张跑来跟僧佑说,大殿里的佛像显灵了,他亲耳听到了诵经的声音,甚至看见了佛身摆动。僧佑对小和尚汇报的情况半信半疑,于是决定晚上偷偷藏在大殿,看看究竟是什么情况。

第二天天刚黑,僧佑就藏了起来。过了初更之后,僧佑仍然没有发现任何动静,他正准备离开时,突然,他发现有个瘦小的身影从墙外跳了进来,蹑手蹑脚地走进了大殿，走到了灯下。僧佑看清楚了，这是个孩子，这个孩子正是小刘勰。

僧佑从佛像后走了出来，严厉地问小刘勰："你深夜翻墙入寺，到底想干什么？"

小刘勰显然被这突然出现的大和尚吓了一跳，他紧张地有点结巴了，说道："我……我是……来借这儿的灯读书的。"说着，小刘勰从怀里掏出一本书。

接着，刘勰把自己的情况和自己每日夜里来定林寺偷光读书的事情原原本本地告诉了僧佑。僧佑一听，深深地被这个少年刻苦好学的精神打动了，他亲切地对小刘勰说："有志气，如果你愿意的话，以后就跟着我一起读书吧！"小刘勰一听非常高兴，当下就拜了师父。

在僧佑的指点下，刘勰的学问增长得更快了。刘勰在这定林寺一待就是十年。在这十年间，刘勰几乎将师父的藏书都读完了，对佛学有了一定的研究。

刘勰认为："文章是经典的枝条。有了它们，礼教和典章制度才得以实施致用，君臣军国大事才能够实施和发扬。"刘勰开始评论古今文体，准备对古代文学进行一次总结和论述，对当代文坛上的形式主义文风给予纠正。于是在整理佛卷的剩余时间里，刘勰开始评论古今文体，准备对古代文学进行一次总结和论述。后来，经过六七年的苦苦探索，刘勰终于在他三十岁的时候写成了一部对后世影响颇大的文学批评理论专著——《文心雕龙》。

《文心雕龙》是中国文学理论批评史上第一部有严密体系的文学理论专著。全书共十卷，五十篇，总共大约三万八千多字。《文心雕龙》以孔子的美学思想为基础，同时采用了一些道家思想，全面总结了齐梁时代以前的美学成果，细致地论述了语言文学的审美本质及其创造、鉴赏的美学规律。

《文心雕龙》体系严密，材料丰富。前四十九篇专门论述与文章相关的具体问题，最后一篇（即《序志》）阐明写本书的缘由及全书内容的安排。《文心雕龙》根据内容划分层次有两种划分方法，一种方法是将这五十篇分为上、下两部，每部各二十五篇。前二十五篇除《原道》等三篇是总论外，其余大多是各类文体的特点及其发展概况。后二十五篇除最后一篇是《序

南北朝时期，佛教在我国很兴盛。图为南宋佛像画家周季常、林庭珪所绘《五百罗汉图》（局部）

志》外，其余大多是有关文学创作批评问题的论述，还包含刘勰对文学批评的原则，还有一些刘勰关于文学的精辟见解。

《文心雕龙》的另一种划分方法是将前四十九篇划分为四部分。第一部分为前五篇，是全书的总论，分别是《原道》、《宗经》、《征圣》、《正纬》和《辨骚》，这五篇基本上都采取了儒家的观点，认为文章都是从《六经》中来的。第二部分是从第六篇到第二十五篇，是文体论。刘勰分别论述了几十种文体，目的是提纲挈领，眉目清晰，使人们能够清楚把握各种文体的边界和特征。第三部分从第二十六篇到四十三篇，这一部分论述了实际创作中会遇到的各方面的问题，例如灵感、创作心理、修辞等等，其中的《风骨》、《神思》、《情采》等名篇都是大家耳熟能详的。第四部分即从第四十四篇到第四十九篇，这部分专门探讨诗文的品读鉴赏方面的问题，告诉读者在研究书籍时该注意什么问题，该怎样理解他人的文章等。

《文心雕龙》是用南朝流行的骈文写成的，写得非常美。例如《神思篇》中写道："故寂然凝虑，思接千载；悄焉动容，视通万里；吟咏之间，吐纳珠玉之声；眉睫之前，卷舒风云之色；其思理之致乎！"《物色篇》中赞美景色时说："山沓水匝，树杂云合。目既往还，心亦吐纳。春日迟迟，秋风飒飒；情往似赠，兴来如答。"这些句子似乎都有诗的魂魄，美不胜收，让人难以忘怀。这些骈文读来让人兴味盎然，直感叹未能亲临读者所说的情境之中。

刘勰在《文心雕龙》中论述了文学创作中的主客观关系。他一边肯定"云霞雕色"、"草木贲华"等客观景色之美，一边强调创作主体即作家先天的禀性、气质、才能、学识修养等对文学创作反映现实美的重要性。刘勰认为，客观的"景"和主观的"情"是互相影响并互相转化的，"登山则情满于山，观海则意溢于海"（《神思》），认为只有作者以真挚的感情寓情于景，才能写出精妙的文字。总的来说，刘勰认为，"情动于中而形于言"是一种完美的状态。

刘勰的《文心雕龙》虽然写得很精彩，但是在南朝那个重视地位的朝代，如果没有名人举荐或者评点，一部好的作品也很难得到周围人的认可。后来，刘勰听闻在文坛享有盛名的沈约会路过定林寺，于是他打扮成小商贩的模样，手拿书稿等在路边。等沈约的车子经过时，刘勰冒险拦住了沈约的车子，请求沈约读一下自己的书稿。沈约将刘勰的《文心雕龙》拿回去读了以后，觉得这是一部非常有价值的理论专著，于是将书推荐了出去。后南梁立国，沈约是开国功臣，于是他提携刘勰入朝做了官。

刘勰虽然终于不负多年寒窗苦读，走上了读书人都梦寐以求的仕途之路，但是，刘勰的仕途之路走得并不顺心，他不是做些很小的官，就是担任个闲差，一直怀才不遇。后来，刘勰的师傅僧佑圆寂，而他一直以来搜集的大量佛经无人整理。梁武帝看刘勰对佛经十分精通，就派他和另外几名高僧一起去定林寺整理僧佑留下的经典。

刚回到定林寺时，刘勰郁郁寡欢，他原本想在官场上有一番作为，没想到又回到了生活了十几年的定林寺。但是后来想了想，自己在官场的这些年混得一直也不好，而且官场的钩心斗角、尔虞我诈，自己也不擅长，还不如回到佛寺，做点实实在在自己擅长的事。于是，刘勰正式剃度出家。一向崇尚佛教的梁武帝自然欣然同意，并为刘勰赐名慧地。自此，刘勰开始远离政治，潜心整理、研究佛学典籍，并最终圆寂于定林寺。

刘勰的《文心雕龙》在他活着的时候一直未能得到重视，但在他死后慢慢引起了文学界的重视，尤其到了唐代更是大放异彩，被后人视为是一部"古代文学理论批评中内容最丰富、体系最完整的宝贵文献"。

我国古代第一部诗论专著
——《诗品》

继《文心雕龙》之后，中国文学批评史上又出现了一部文学批评类名著——《诗品》。这两部作品相继出现在齐梁时代不是偶然的，它们都是在反对齐梁形式主义文风的斗争中形成的产物。

《诗品》的作者是钟嵘，生于大约南朝建元二年（480年）的一个官宦之家。钟嵘的祖上有很多人做过大官，例如东汉时期的钟皓做过廷尉；钟繇任过曹魏的相国和太尉；钟嵘的父亲钟蹈曾在南齐时任中军参军；钟嵘的哥哥钟玩和弟弟钟屿也曾做过小官，他们都是当时的学者，有一定的知名度，还有一些文学作品。钟嵘自小受家庭的影响，也十分好学，而且做过侍郎、参军、记室一类的小官。

在钟嵘生活的那个时代，诗风已经相当衰落。当时的士族社会兴起了一阵写诗的风潮，那些吃饱了没事干的士族子弟，凡是能认得几个字就在写诗。据《诗品序》记载，那些"才能胜衣，甫就小学"的士族子弟甚至都整日在忙着写诗。这门槛一低，粗制滥造的作品就大量涌现了，于是便造成了"庸音杂体，人各为容"的诗坛混乱情况，全是无病呻吟和咬文嚼字的诗文。钟嵘虽然只是一个小官，但是他学富五车，尤其对五言诗有很深的研究。面对这些根本不懂诗歌的士族子弟写出的没有营养的诗文，以及那些处处用典的死板诗文，钟嵘嗤之以鼻。钟嵘认为诗歌应当有生机，而且不要太讲究声律，也不应该受玄学的影响。于是，钟嵘就仿汉代"九品论人，七略裁士"的著作先例，写下了有名的诗歌评论著作——《诗品》，力图挽救当时诗坛的混乱局面。

诗的妙处在于意境,这跟我国的水墨山水画一样。北宋许道宁的这幅《关山密雪图》是北宋时期画雪景的佳作,"崇山积雪,林木清疏",颇得李成的余韵

《诗品》评论的诗歌以五言诗为主。全书将两汉至梁代一百二十二个诗人分为上、中、下三品进行评论,计上品十一人,中品三十九人,下品七十二人。在《诗品序》中,钟嵘谈到自己对诗的一般看法时说:"故诗有

三义焉，一曰兴，二曰比，三曰赋。文已尽而意有馀，兴也；因物喻志，比也；直书其事，寓言写物，赋也。宏斯三义，酌而用之，干之以风力，润之以丹采，使味之者无极，闻之者动心，是诗之至也。若专用比兴，患在意深，意深则词踬。若但用赋体，患在意浮，意浮则文散，嬉成流移，文无止泊，有芜漫之累矣。"这段话是说，钟嵘认为诗的三义是兴、比、赋，应该将这三义互相调剂着来使用；与此同时，钟嵘还强调内在的风格、笔力与外在的文采同样重要，不应该厚此薄彼。

钟嵘非常反对用典，认为创作应该"才为盟主，学为辅佐"，意思是说，创作应该展现作者自己的才华，用典应该只是辅佐，否则就会形成宋末诗坛"文章殆同书抄"的风气，也就是说，如果用典过多，写文章就跟抄书一样，没有多少意义。

当时南朝有个著名的史学家叫沈约，提出了"四声八病"的主张。四声指平、上、去、入四声，"八病"指作五言诗时，在运用四声方面所产生的毛病，即平头、上尾、蜂腰、鹤膝、大韵、小韵、旁钮、正钮等八种声病。"四声八病"规定了一套五言诗创作时应该避免的声律上的毛病。但是，钟嵘认为，诗歌不应当太过注重声律，这"四声八病"的规定人为限制太过严格，如果非要在创作时严格遵守，反而使诗人在创作时太过拘谨，反而伤害了诗歌的优美——"使文多拘忌，伤其真美"。

钟嵘的《诗品》中有一个特色，那就是他非常善于概括诗人独特的艺术风格。钟嵘概括诗人的风格时一般从赋比兴、风骨和词采、诗味等方面入手。例如钟嵘认为左思的诗"得讽谕之致"；说曹植诗"骨气奇高，词采华茂"；认为五言诗"是众作之有滋味者也"；反对东晋玄言诗的"淡乎寡味"。

但是，仔细观察会发现，钟嵘虽然很反对某些形式主义的现象，但是他在潜移默化中受到了南朝形式主义潮流的影响，将目光只放在了形式主义方面的批评上。他品评诗人时经常把词采放在第一位，却很少评论作品的思想成就。如此，他才会把"才高词盛，富艳难踪"的谢灵运称为"元嘉之雄"，将其排在陶潜、鲍照之上；他才会把"才高词赡，举体华美"的陆机称为"太康之英"，将其排在左思之上。在给两汉至梁代一百二十二个诗人

南宋画家阎次平所绘的这幅《秋野牧牛图》是很多田园诗人的诗中会出现的场景，整幅图充满着诗意

划分等级时，钟嵘竟然将开建安诗风的曹操列为下品，而陶潜、鲍照只居于中品，由此可见钟嵘在品评诗歌方面的片面性。

虽然存在不足，但是钟嵘的《诗品》的积极影响还是主要的。例如它对五言诗的发展就有很大的贡献。

首先，钟嵘对五言诗的诗体形式有超越前人的认识。传统观点一直将四言诗视为正统，而不承认五言诗已经发展成为了诗歌的主要形式。钟嵘在《诗品序》里说："夫四言，文约易广，取效《风》《骚》，便可多得。每苦文繁而意少，故世罕习焉。五言居文词之要，是众作之有滋味者也，故云会于流俗。岂不以指事造形，穷情写物，最为详切者邪！"钟嵘的这段话掷地有声地指出，四言诗的形式已经满足需要，五言诗的形式才具有无可比拟的优越性，才应该是被推崇的。这个看法显然更符合文学发展的实际，因此对五言诗的发展也起到了积极的作用。

其次，钟嵘能从历史发展的角度总结五言诗的发展过程。在评述各个时代五言诗的成就时，钟嵘用既重视风力、又重视丹彩结合的观点，评述既重视抒情性又重视艺术的表现力。

再次，钟嵘对五言诗史的评论，是从当时所处时代的具体情况出发的。例如，六朝时代文学昌盛，而且当时"文"重于"笔"，诗歌创作特别受到重视。而到了齐梁时代，不光文人学士以写诗为风雅，就连那些士族子弟也认为写诗是一件时髦的事，不管自己有没有作诗的才学，都整日在那里无病呻吟。甚至，小孩子刚开始学习时，就以写诗为起步。这些人对诗的看法比较褊狭，鉴赏水平不高，艺术品位有限，一定程度上亵渎了诗歌。钟嵘非常推崇齐梁以前三个时期的五言诗，认为应该以该时期的诗作来开阔人们的眼界，全面地认识五言诗的好传统，从而不被浅薄之徒的观点所左右。

总的来说，《诗品》虽然受时代的局限和当时诗风的影响，有些评论带有个人偏见，但是它作为我国专门评论诗歌的最早一部作品，有很多开创性的见解，仍然不失为一部古代诗歌理论的好作品。

颜之推的教育启示录
——《颜氏家训》

在封建社会，家庭在社会生活中的地位十分突出。儒家思想传统中，知识分子尊崇的信条是"修身、齐家、治国、平天下"，意思是以自我完善为基础，通过治理家庭，实现平定天下，这是几千年来无数知识分子奋斗的目标。而在这个信条中，"齐家"是"治国"和"平天下"的前提条件。也就是说，只有管理好了自己的小家，才能治理好国家，才能实现天下平定的目标。因此，怎样管理好自己的家庭，使家庭成员健康成长、安定生活、和睦相处，就成了很多学者们研究的问题。于是，当时出现了很多教育子女、管理家庭的著作。例如关于教育子女问题的家训，很早就有《诫子书》、《家诫》等书。但是，这些书往往只谈到了管理家庭的某一方面，并未系统总结家庭教育的各方面问题。直到南北朝时期，才出现了一部系统完整的家庭教育著作，它就是由我国古代著名的教育学家颜之推撰写的《颜氏家训》。

《颜氏家训》是我国南北朝时期北齐文学家颜之推（531年—595年）结合自己的人生经历和处世哲学写成的一部传世代表作。颜之推字介，原籍在琅琊临沂（今山东省临沂市）。颜之推出身于一个官宦家庭，他从小就受家庭熏陶，很早便开始学习各种典籍。他十二岁时就听老庄讲学，还熟读《礼》、《传》等。颜之推喜欢喝酒，不修边幅，不拘小节。颜之推的一生坎坷，他叹息自己"三为亡国之人"。因为他博览群书，写的文章也是辞情并茂，所以很得梁湘东王的赏识，十九岁就做了国左常侍。后来，颜之推投奔了北齐，做官一直做到了黄门侍郎。当北齐被北周灭了以后，颜之推被征

清代康涛所绘《贤母图》。图中描绘的是贤母教诲即将离家赴任的儿子的场景

为御史上士。后隋又灭了北周，颜之推又被召为学士，不久就病故了。颜之推的传世著作不光有《颜氏家训》，还有《还冤志》等。

《颜氏家训》共六卷，分为教子、兄弟、后娶、风操、治家、慕贤、勉学、涉务等二十篇，是我国历史上第一部内容丰富、体系宏大的家训，有"百代家训之祖"的美誉。它的内容涉及很多个领域，谈到了治家立身、道德规范、行为准则等，还强调务实，讲究实事求是，甚至提及天文地理、文字运用等诸多知识。《颜氏家训》强调，要对孩子进行早期教育，而且主张教育体系以儒学为核心。除此之外，颜之推还在《颜氏家训》中对儒学、文学、佛学、历史、文字、民俗、社会、伦理等提出了自己的独到见解。

《颜氏家训》是主要围绕教育，特别是家庭教育问题展开论述的。颜之推认为，教育子女是做父母的重要而严肃的课题，做父母的应当认识到家庭教育的特殊地位和作用，家庭教育是学校、老师、朋友都不能替代的。颜之推把儒家的"少成若天性，习惯如自然"作为自己的指导思想。他认为，教育应该及早开始，最好从胎教开始，还对胎教提出了严格的要求。"古者，圣王有胎教之法：怀子三月，出居别宫，目不邪视，耳不妄听，音声滋味，以礼节之。"意思是说，怀孕三个月以后，出了家门后，不符合礼法的东西不要看，不符合礼法的话不要听，不符合礼法的话不要说，不符合立礼法的事不要做。

但是，在那个经济并不发达的年代，一般人家没有条件进行"胎教"，可能要等孩子生下来以后才能进行教育。于是，颜之推主张"父以教为事"，但反对"姿其所欲"，意思是说，父亲应该好好教育自己的孩子，但是要反对一味溺爱孩子，不要让他为所欲为。如果"少成若天性"（小小年纪就养成了坏习惯），以后再教育就困难了。

颜之推还指出，在家庭教育中，环境的作用也很重要。儿童很容易受到周围环境的影响，因此，《颜氏家训》告诫父母们要以身作则，让孩子从父母的身上看到榜样的力量，并积极发挥言传身教的作用。与此同时，父母们还要注意为孩子们选择利于其成长的环境。

颜之推非常鄙视当时的南朝士族子弟们，认为他们整日只会注意自己的服饰，如果遇上了战乱，他们肯定没有任何求生技能。对于那些北朝士族们的谄媚模样，颜之推也非常看不惯。他往往能通过寥寥数语，便将当时的人情世态和士族社会的谄媚风气写得淋漓精致，对孩子起到教育意义。

《教子》篇说："齐朝有一士大夫，尝谓吾曰：'我有一儿，年已十七，颇晓书疏，教其鲜卑语及弹琵琶，稍欲通解，以此伏事公卿，无不宠爱，亦要事也。'吾时俯而不答。异哉，此人之教子也！若由此业，自致卿相，亦不愿汝曹为之。"这段话的意思是说，齐朝有一个士大夫，有一次对我说："我有个十七岁的儿子，很懂书疏，鲜卑语和琵琶他也懂一些。以这些本领去侍奉那些公卿们，受到了热烈欢迎。"唉，他就这样教育自己的儿子的，如果通过这种途径，即使能做到卿相，我也不愿意你们去做。这里，颜之推通过一个例子，就将士大夫的心态跃然纸上，既讽刺了士大夫的谄媚之态，也借此教育孩子。

《颜氏家训》在写家庭教育的同时，对学习内容、方法、目的、意义等，也提出了许多真知灼见。颜之推认为，学习的目的是为了增长见识、增加智慧，以利于自己安身立命、为人处世，而不是为了让自己有更多谈资，也不是为了让自己最终走上仕途。颜之推还指出，学习态度要端正，要虚心求教，脚踏实地地掌握每一点有用的知识，切不可自高自大，只学个皮毛。此外，要多学些实用的本领，并将这些本领用于社会实践。例如要多接触社会，熟悉农民耕种的各种技能。颜之推认为，有家财万贯，不如多学几样技术在身上。

在漫长的封建社会里，《颜氏家训》一直是"家训"类著作中流传最广、影响最深远的一部著作，很多人都认为，《颜氏家训》是各类"家训"的鼻祖，做子弟的，每人都应该拥有一本，并将这其中的内容铭记于心。即使在今天，《颜氏家训》的很多教育思想和主张，也有一定的价值，值得我们现代人学习研究。

乐府双璧之《木兰辞》

南北朝时期，中华民族在科技、哲学、宗教、文学、艺术等方面成就突出。就现存的文学作品来说，北方的文学作品远不及南方的多。就艺术特色来说，南北双方也各有特色。就南北朝民歌来说，南方民歌多描写爱情，风格大多缠绵婉转，例如《采桑度》。而北方民歌在表达爱情时，却是非常干脆直接的，毫无扭捏之态，如女子与男子约会，老不见人，女子只说一句"欲来不来早语我！"干干脆脆，不见幽怨，不像南朝民歌那样婉约。而且，北方民歌不光写爱情，也有牧歌、战歌，例如《敕勒歌》、《木兰辞》等。

《木兰辞》也叫《木兰诗》，是北朝民歌，大约形成于北魏后期，最早见于南朝陈僧人智匠所编的《古今乐录》，后收入《乐府诗集》。《木兰辞》是根据民间传说花木兰的故事写成的，叙述了花木兰女扮男装代父从军的故事。这个故事发生在北朝有它现实的基础，因为北朝战争频繁，人民习武的很多，妇女也有不少习武的，例如南北朝魏胡太后的《李波小妹歌》。

李波小妹歌

李波小妹字雍容，

褰裳逐马如卷蓬。

左射右射必叠双。

妇女尚如此，

男子安可逢？

由此可见，那个时代有很多女中豪杰，所以花木兰的形象应该是以实际生活中的人物为原型创作的，并非纯粹虚构。

故事中的少年花木兰出身于北方一个普通百姓之家，家里一共五口人：父亲、母亲、姐姐、花木兰和一个年纪还小的弟弟。花木兰的父母年纪都大了，所以花木兰早早地就学会了做家务。洗衣做饭、纺线织布、喂猪放羊，花木兰样样都做得很好。除此之外，花木兰在闲时还喜欢和小伙伴们一起骑马射箭，练就了一身本领。

突然有一天，花木兰家里平静的生活被打乱了。边境有强兵来犯，官府大规模征兵，只要是青壮年男子，都要上战场。而花木兰的弟弟年纪还小，所以官府要求花木兰的父亲上前线打仗。年老体弱的父亲去征战沙场，十之八九是有去无回，于是，花木兰下定决心要女扮男装，替父亲从军。父母不舍得让女儿受这样的苦，但是花木兰主意已定，父母只好依了她。花木兰为自己配齐了上战场的全套装备，穿上男装，随部队朝边境奔去。

一晃就是十二年，十二年来，花木兰见过无数身边的战友在血泊中倒下，可是她没有被困难吓倒，她一边小心翼翼地隐藏着自己的女儿身身份，一边奋勇杀敌，在一场场恶战中立下了无数战功。

战争结束后，花木兰受到了可汗的嘉奖。可汗问花木兰有什么要求，花木兰说，我不要高官厚禄，只想要一匹善走的骆驼送我回到故乡。可汗满足了花木兰的要求，让她荣归故里。

花木兰年老的父母听说女儿要回来，互相搀扶着到城外去迎接女儿；姐姐听说妹妹要回来，赶紧把屋里屋外都收拾得干干净净；已经长成大小伙的弟弟听说姐姐回来，也立刻杀猪宰羊，要给姐姐接风。

花木兰含泪和亲人相见，然后回到自己的房间换上了女子的服装，梳了女子的发式，抹了胭脂，还贴了花黄（古代妇女的面饰。用金黄色的纸剪成星月花鸟等形状贴在额头上，或在额头上涂点黄色）。等花木兰再走出房间时，和她一起征战沙场的同伴们都大吃一惊，和花木兰一起生活十二年，他

花木兰像

们竟然丝毫未察觉花木兰是个女子。花木兰说："把兔子的耳朵提起来，雄兔子的脚会往后蹬，雌兔子的眼睛会不时地眨着。如果让两只兔子都在地上跑，你们怎能分辨出哪只是雄的，哪只是雌的呢？"的确，花木兰和男子们一起征战在沙场，战功赫赫，跟一个英勇的男子毫无分别，怎么能看出她是女儿身呢？

《木兰辞》真实地反映了北朝人民的生活情况，当时的女子和男子一样下地参加生产劳动，回到家还纺线织布，非常吃苦耐劳，当时也确实有过一些女扮男装参加战争的事。

《木兰辞》的着眼点并不在于设计出什么曲折离奇的情节，而是在于通过朴素的叙述刻画出花木兰这个英雄人物。《木兰辞》全诗三百多字，在流传中，可能有文人的加工润色，但基本上保持着民歌的情调。由于《木兰辞》描写的是平民百姓自己的英雄，又可以入乐传唱，所以在当时，《木兰辞》几乎人人会唱。这里我们就将这首民歌抄录下来，深入理解诗歌背后的情怀。

唧唧复唧唧，木兰当户织。不闻机杼声，惟闻女叹息。问女何所思，问女何所忆。女亦无所思，女亦无所忆。昨夜见军帖，可汗大点兵，军书十二卷，卷卷有爷名。阿爷无大儿，木兰无长兄。愿为市鞍马，从此替爷征。

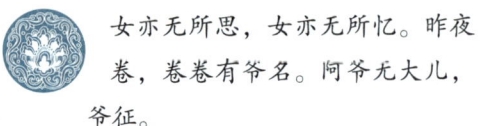

东市买骏马，西市买鞍鞯，南市买辔头，北市买长鞭。旦辞爷娘去，暮宿黄河边。不闻爷娘唤女声，但闻黄河流水鸣溅溅。旦辞黄河去，暮至黑山头。不闻爷娘唤女声，但闻燕山胡骑鸣啾啾。

万里赴戎机，关山度若飞。朔气传金柝，寒光照铁衣。将军百战死，壮士十年归。

归来见天子，天子坐明堂。策勋十二转，赏赐百千强。可汗问所欲，木兰不用尚书郎。愿驰千里足，送儿还故乡。

爷娘闻女来，出郭相扶将；阿姊闻妹来，当户理红妆；小弟闻姊来，磨刀霍霍向猪羊。开我东阁门，坐我西阁床，脱我战时袍，著我旧时裳，当窗理云鬓，对镜帖花黄。出门看火伴，火伴皆惊忙：同行十二年，不知木兰是女郎。

雄兔脚扑朔，雌兔眼迷离；双兔傍地走，安能辨我是雄雌？

古代有很多颇有英雄气概的女子，清代金廷标所绘的《婕妤挡熊图》表现的是汉元帝的妃子冯婕妤挡熊的历史故事

花木兰的形象是在叙述故事的过程中逐步展示给我们的。诗中先写了花木兰见到军帖时，一边织布一边担忧，并慢慢下定决心代父从军，这就揭示了主题，也显示了花木兰孝顺的一面。接着，诗歌围绕主题，层层铺叙，从花木兰准备出征到随军离开家乡，从露宿黄河边到征战沙场，从她如何立功到如何还乡，整个故事脉络清晰，叙述有条不紊，将花木兰的形象刻画得越来越立体。

《木兰辞》着重写了花木兰从军的准备、出征沿途所见及回到家乡后的情景，而对她如何在战场上杀敌立功却一笔带过。这显示出作者的独具匠心，本诗虽然写的是战争题材，但着墨较多的却是生活场景和儿女情态，富有生活气息。在着重详写的那部分，诗中多用铺排，从旁渲染，以达到烘托花木兰形象的目的。例如，开头借花木兰的叙述，衬出愁怀；后借市场买马配鞍，烘托花木兰的行色；再借征途中看到的景物，烘托花木兰的思乡之情；后写回到家乡时的情景，借爹娘姐弟迎接的热烈气氛，烘托出花木兰荣归故里的光荣以及家人的亲情；最后，诗中又借伙伴陪衬花木兰，以一句"同行十二年，不知木兰是女郎"与篇首遥相呼应，以风趣的比喻来收束全诗，令人回味无穷，使作品有了强烈的艺术感染力。

唐初大儒孔颖达编纂《五经正义》

东汉末年，战乱频仍，大批儒家经典散佚，儒学思想显得混乱不堪。特别是之后的数百年，中国大地基本处于分裂状态，没有一个统一的政权站出来收拢儒家思想，这使得儒学内部宗派林立，逐渐形成了南学、北学之争。他们各承师说，互相攻讦，经学研究逐渐停滞。

隋唐时期，国家重新统一之后，封建政权强烈地要求一个统一的思想来维护政权，于是，整顿混乱的经学，重新编纂一本统一经义的经书已经迫在眉睫了。唐朝初年，唐太宗下令召集当时一些著名的儒士共同撰修《五经正义》，而德高望重的国子祭酒孔颖达被任命为总负责人。

孔颖达（574年—648年），字仲达，冀州衡水人（今河北省衡水市），我国隋唐时期著名的经学家。孔颖达八岁时就接触经学，少年时的他对梁朝国子博士崔灵恩撰写的《三礼义宗》十分推崇，之后，他相继研读了东汉服虔的《春秋传》、郑玄的《尚书》、《诗》、《礼记》和王肃的《易》等经学著作。在跟随隋朝著名经学家刘焯学习的那段时间里，孔颖达的经学造诣突飞猛进。隋炀帝时，孔颖达参加经学科考试，顺利进入朝堂，被授予"河内郡博士"。

隋朝末年，天下大乱，各路起义军将中国搅得一团糟，身为经学之士的孔颖达在这种乱世之下，只好选择了避祸。他一直躲在王世充的地盘里继续自己的经学研究，直到唐朝平定王世充之后，孔颖达归顺唐朝，被授予国子博士。到唐太宗准备编纂儒家经典时，孔颖达已经成为了国子祭酒，所以，主持编纂经典的任务孔颖达自然是当仁不让了。

古代经书成书已经很多年了，其中的文字大多生涩难懂，这给后人的学习带来了极大的困扰，不同的人有不同的注解，久而久之，就形成了许多派别。所以，国家统一之后，君主迫切地需要一个统一的经学思想来指导和维护封建政权。而编写《五经正义》的目的就是要从中选出比较好的注解，摒弃其他观点，对以前繁杂的经学解释进行统一。《五经正义》本着依据注解而不突破注解的原则对其加以疏通解释。所以，《五经正义》可以说是一部典型的疏解经书的著作。

《诗经》是我国最早的一部诗歌总集。汉初为《诗经》作注的有齐、鲁、韩、毛四家。其中齐、鲁、韩三家属今文经学，而毛家属于古文经学，其中《毛诗》为历代古文经学家所推崇。东汉时期，著名的经学大师郑玄崇尚毛学，他不但继承了毛学观点，还在《毛诗传笺》中发表了许多自己的观点，可以说，郑玄的思想来源于毛学，却又和毛学有所不同。魏晋南北朝时期，经学界最为推崇毛郑，但毛、郑的异同也是争论的热点。鉴于这种情况，孔颖达在编写《五经正义》时，调和了毛、郑两家学说来疏解《诗经》，他还以刘焯的《毛诗义疏》、刘炫的《毛诗述义》为底本，对《诗经》进行疏解，撰成《毛诗注疏》，即《毛诗正义》。像《周易》、《尚书》、《礼义》、《春秋》也基本采用这种方式。

唐太宗贞观十六年（642年），《五经正义》编成。唐太宗对此书给予了高度评价。但是，当唐太宗准备下令将《五经正义》颁行全国时，太学博士马嘉运却提出了异议，他认为，《五经正义》还存在许多问

隋朝时期的青釉贴花四系罐

题,比如,里面的内容仍旧很繁杂,很多观点相互冲突,甚至有些内容自相矛盾。于是,唐太宗下令延后颁布日期,对《五经正义》进行校正,所以,孔颖达并没有看到《五经正义》在形成后立即颁行。直到唐高宗永徽四年(653年),孔颖达死后五年,《五经正义》才在全国颁行。唐朝政府规定,凡是参加明经科考试的士子,都必须以《五经正义》为标准,否则将被视为异端邪说。《五经正义》的《礼记正义》突出儒家重礼的观念,提倡尊卑贵贱的等级差别,这对封建统治者统治百姓有很大的帮助,对当时以及后世的封建王朝影响很大。而且因为《五经正义》是政府颁行的,所以,在后来的动荡当中,它得到了妥善的保存,因而得以流传至今,为当今的经学研究人员研究古代经学提供了很大帮助。

虽然,《五经正义》中仍然有许多不完美的地方,甚至在在刚刚编纂完成后还出现了一些问题,但是,它仍然是儒家学说的一个里程碑式的著作,在儒学历史上具有重要的地位,对后世的影响深远。《五经正义》对唐朝的文化、思想、哲学、教育、伦理等方面的发展起到了推动作用。直到宋朝时期,明经科取士仍然以《五经正义》为标准。

《五经正义》摒弃了以前经学的繁琐理念,大胆地吸收引进了魏晋南北朝以来一些玄学知识分子注经的成果,使经学研究更加深入翔实。从《五经正义》开始,经学逐渐变得简明实用,它以实用为准则,抛弃了晦涩难懂的《周礼》和《仪礼》,选择了比较实用具体的《礼记》,放弃了繁琐的《公羊传》和《谷梁传》,选择了简明易懂的《左传》。这种变化,使得自唐朝以来,经学逐渐由论玄向务实发展,对经学发展贡献较大。这对唐以后学风由谈玄转向务实,起了一定的促进作用。

总之,作为隋唐时期儒家思想的代表人物,孔颖达主持编纂的《五经正义》在隋唐儒学恢复统治地位的过程中起到了承上启下的作用,为儒学的复兴和发展作出了巨大的贡献。但是政府通过《五经正义》对学术界的思想进行统一,不可避免地制约了后来经学的发展,使经学逐渐成为禁锢思想的枷锁,这是孔颖达等封建经学大家的悲剧,也是《五经正义》这部鸿篇巨制的悲剧。

改革初唐文风的初唐四杰

初唐四杰是指王勃、杨炯、卢照邻、骆宾王四位初唐文学家。他们对齐梁以来柔弱浮华的文风进行了改革,初步扭转了唐朝的文学风气。除此之外,他们取材时不再仅仅将目光局限于宫廷,而是开始更多地将目光投向了山川,投向了社会,投向了人生。在文风的变革当中,他们各自形成了属于自己的风格,陆时雍在《诗镜总论》中说:"王勃高华,杨炯雄厚,照邻清藻,宾王坦易,子安其最杰乎?"

王勃(650年—676年),字子安,绛州龙门(今山西省河津市)人。据说王勃写文章之前,从不事先打草稿,而是提准备好笔墨纸砚,然后痛饮大睡,睡醒之后便提笔作文,一蹴而就,这样写出的文章甚至无法让别人改动一字,足见其才华过人。王勃的文学崇尚实用,在当时,文坛盛行以上官仪为代表的浮华诗风,但是王勃认为这种文章华而不实,没有风骨,所以,他创作的文章"壮而不虚,刚而能润",比如他的《送杜少府之任蜀川》。

王勃像

送杜少府之任蜀川
城阙辅三秦,风烟望五津。
与君离别意,同是宦游人。
海内存知己,天涯若比邻。
无为在歧路,儿女共沾巾。

这首诗读起来气势非凡，却又不失圆润，其中"海内存知己，天涯若比邻"两句更是千古流传的佳句，它将王勃对友情的重视、对未来的乐观精神表现得淋漓尽致，使人在阅读之后不禁被他对友人的深情所打动。面对离别，王勃虽然很悲伤，但是却依然认为虽然远隔天涯，却依然像比邻而居一样亲近，表明了他对人生的乐观态度。

只可惜，王勃如此才情，却英年早逝，实在令人惋惜。

杨炯（650年—692年），弘农华阴（今属陕西）人。他的文章给人以雄厚的感觉，读起来如同痛饮烈酒，既能感受到其文章的豪放气势，还后劲十足，让人能够细细回味。边塞征战诗是杨炯最为拿手的，他的一生，就属这方面的成就最高，像《从军行》、《出塞》、《战城南》等诗篇中，处处表现着一种渴望战场杀敌、为国立功的精神，他将这种精神用豪放的辞藻表现了出来。

杨炯擅长五言律诗，他最著名的代表作《从军行》便是一篇五言律诗。

从军行

烽火照西京，心中自不平。
牙璋辞凤阙，铁骑绕龙城。
雪暗凋旗画，风多杂鼓声。
宁为百夫长，胜作一书生。

这首诗，给人一种气势高昂、铿锵有力的感觉，那些字眼如同战鼓一样捶在读者心上，让人如身临其境一般，脑海中不禁浮现了旌旗招展，无数铁骑出征的壮观场面。在最后，诗人写道："宁为百夫长，胜作一书生"，这时他不愿意再窝在城内做一个文人了，他已经深深地被这种场景所震撼，他渴望能随从军队一起上场杀敌，立下不世功勋。

卢照邻（636年—695年），字升之，自号幽忧子。幽州范阳（今河北省涿州市）人。年轻时，卢照邻在邓王李元裕府上效力，深受邓王器重。邓王常常将卢照邻与司马相如相比较，这也证明了他才华出众。后来，由于邓王府的一件人命案，卢照邻被捕入狱。之后卢照邻虽然在朝中朋友的帮助下得以解脱，但是从此在政治上没有了前途，他无数次遭受政治上的失意和病魔的折磨，最后自投颍水而死。经历了这么多的磨难，卢照邻的诗中总是流露出对现实的愤慨和对社会不公平现象的嘲讽。

卢照邻比较擅长七言歌行，对推动七古的发展有贡献。他的代表作《长安古意》诗笔纵横奔放，富丽而不浮艳，为初唐脍炙人口的名篇。

长安古意

长安大道连狭斜，青牛白马七香车。
玉辇纵横过主第，金鞭络绎向侯家。
龙衔宝盖承朝日，凤吐流苏带晚霞。
百丈游丝争绕树，一群娇鸟共啼花。
啼花戏蝶千门侧，碧树银台万种色。
复道交窗作合欢，双阙连甍垂凤翼。
……
寂寂寥寥扬子居，年年岁岁一床书。
独有南山桂花发，飞来飞去袭人裙。

这首《长安古意》是卢照邻托古讽今的代表作。从前面的诗句来看，作者正在极力描述长安店铺林立、车马络绎不绝的繁华景象，但是看到后文，诗人却通过这种繁华景象揭露了贵族王公骄奢淫逸的生活，并预言这种堕落生活必将破灭。而最后，卢照邻以扬子居扬雄来比喻自己孤寂清贫的生活，这实际上也是一种对社会、对现实的不满。

骆宾王（619年—687年），字观光，婺州义乌（今浙江省义乌市）人，唐朝初期诗人，著名的咏鹅神童。骆宾王七岁能作诗，据说《咏鹅》就是此时所作。

咏鹅

鹅，鹅，鹅，曲项向天歌，
白毛浮绿水，红掌拨清波。

当时，这首咏鹅诗震惊了整个江南文学界，谁能想到一个七岁稚童竟能有如此文采。于是，骆宾王在无数人的瞩目下长大成人，直到他参加科举考试。

唐代科举场中，很早就有请托、通关节、私荐或场外议定等流弊。考生们为求中第，无所不

唐代的白釉执壶，1958年河南陕县铁路区出土

用其极，可是才高八斗的骆宾王对这种行为不屑一顾，他甚至还在长诗《畴昔篇》中这样写道："且知无玉馔，谁肯逐金丸"，意思是说，要不是生活所迫，谁会愿意追逐功名呢？这说明了骆宾王的骄傲，骄傲到甚至瞧不起科举。但是，现实是残酷的，纵然他才华横溢，可仍旧名落孙山。

骆宾王被这一结果深深地打击了，他没想到自己竟然会落榜，一想到家乡父老的殷切期盼，他迷茫了。踌躇多日之后，骆宾王终于决定回家，回到那个充满着温暖情意的地方，因为他知道，只有家乡的温暖才能抚慰他的伤痕。

在南下的路上，骆宾王写下《途中有怀》一诗，以抒发他此时的心情。

途中有怀

眷然怀楚奏，怅矣背秦关。
涸鳞惊煦辙，坠羽怯虚弯。
素服三川化，乌裘十上还。
莫言无皓齿，时俗薄朱颜！

诗人写这首诗的时间是晚上，天际的星月照着故乡的江面，显得十分清丽。急促的船桨拍打着阵阵波浪，这个漂流在外的游子终于投入故乡的怀抱，于是紧锁的愁眉展开了，脸上绽露出长久不见的笑容。"今夜南枝鹊，应无绕树难！"骆宾王这只南飞的乌鹊，今天夜里再没有"绕树三匝，无枝可栖"的苦恼了，见到故乡时的喜悦之情，溢于言表。

回乡之后，骆宾王受到了亲朋好友的热情接待，这让他在离家多年之后再一次感到了温暖。而经受过打击的骆宾王也成熟了起来，他闭门苦读，为迎接自己的第二次科考作准备。

之后，骆宾王成功出仕，但是他刚正不阿、崇义节、轻权诈的性格和官场中相互追逐、拍马逢迎的风气格格不入，所以，最终他还是没能在官场上成功。

初唐四杰官小而名大，年少而才高，他们上承齐梁，下启沈宋，为诗歌的改革先驱。他们不再把诗歌题材局限于宫廷，而是将目光转移到了市井，转移到了江山和塞漠，扩大了选材范围，使得诗歌内容更加丰富多彩。他们反对纤巧绮靡，提倡刚健骨气，将文风变革付诸实践，为唐诗的发展指明了

清代上官周所绘《晚笑堂画传》中的骆宾王像

未来发展的方向。声律风骨兼备的唐诗，从他们开始定型，对于千古传诵的唐诗来说，他们是真正的先驱。

我国历史上最伟大的浪漫主义诗人
——诗仙李白

"李白一斗诗百篇，长安街上酒家眠。天子呼来不上船，自称臣是酒中仙。"杜甫的《饮中八仙歌》中这几句千古名句描述的人物正是我国历史上最伟大的浪漫主义诗人——诗仙李白。这短短几十字，将李白豪放不羁、不畏权贵的性格表现得淋漓尽致。

李白（701年—762年），字太白，号青莲居士，陇西郡成纪县人（今甘肃省平凉市静宁县南）。李白在他六十一年的生命中，为这个世界留下了无数经典作品，其中《静夜思》、《望庐山瀑布》、《蜀道难》等名篇更是

明代仇英所绘《春夜宴桃李园图》。该图取材于盛唐诗人李白的《春夜宴桃李园序》

经久不衰，直到现在也仍然被无数人铭记。可以说，李白的诗篇影响了一个国家、一个民族长达几千年之久，而且还会一直影响下去。

武周神龙元年（705年），当时年仅五岁的李白随他的父亲李客迁居到蜀郡绵州昌隆县（今四川省江油市）青莲乡，在这里，李白开始接触书本。李白在少年时代读书十分广泛，除儒家经典、古代文史名著外，他还浏览了诸子百家的许多书籍。李白是一个道教信仰者，他认为仗剑游历、求仙问道、隐居山林是人生中最美妙的三件事，但是，他却有着踏进朝堂、建功立业的政治抱负。可以想象，一个生性潇洒、不愿被束缚的人，怎么适合成为朝堂上的辅国之臣呢？所以，李白的性格注定了他后来在官场上的落寞。但是，李白渴望入世、心存国家的情感，是他思想的主流之一，这使得李白的许多文章充满了对权贵的鄙视和嘲讽，例如："安能摧眉折腰事权贵，使我不得开心颜"。（《梦游天姥吟留别》）这句诗不仅是李白不愿屈身侍奉权贵的体现，也是他对权贵的一种鄙视。

开元十三年（725年），年轻的李白辞亲远游。他乘船从三峡顺流而下，开始了自己游历祖国的征程。顺着长江水流，李白来到了江陵。让李白激动的是，在这里，他见到了受三代皇帝崇敬的道长司马成祯。对于信奉道教的李白来说，这是一种天大的荣幸。于是，李白将自己认为最好的作品拿出来让司马成祯审阅。没想到，司马成祯在看了李白的作品之后，不但给予他的作品以高度评价，而且还夸赞李白有"仙根"，是天生的神仙。要知道，对于信奉道教的人来说，这是最大的赞美了，李白大受鼓舞，写成了他最早名扬天下的文章《大鹏遇希有鸟赋》。所以，江陵成为了李白鹏程万里的一个新起点。

《望庐山瀑布》是李白的一首脍炙人口的山水诗，这首诗写得有声有色，气势磅礴，深深地激发着人们对庐山风光的向往和祖国山河的热爱。

望庐山瀑布

日照香炉生紫烟，遥看瀑布挂前川。
飞流直下三千尺，疑是银河落九天。

这首诗的开头，李白用"生紫烟"这样优美的辞藻将庐山香炉峰渲染得无比美丽，极富浪漫主义色彩；在随后的第二句中，他用一个"挂"字作比喻，赞美大自然的魅力；随后，他将大自然的魅力展现得淋漓尽致，用"飞流直下三千尺"形容这一壮美景象；最后又怀疑这是银河落入九天，这不但将庐山瀑布的雄伟衬托了出来，还将人带入了一种如梦似幻的境界，令人回味无穷。

《望庐山瀑布》是李白描写祖国壮丽河山的佳作之一。李白在游历华夏大地的时候，受到了山河美景的感染，创造出了许多描写自然风光的诗篇。所以说，这种游历生活对李白浪漫豪放的风格的形成具有重大的影响。除此之外，在李白四处游历的时候，他结识了孟浩然等许多朋友，所以他的文章有许多是赠与这些友人的，如著名的五言律诗《赠孟浩然》等。

在李白寄情山水的时候，他也在羡慕着那些在朝堂之上建功立业的人。他常常流露出对魏晋风流的羡羡之情，他也希望效仿谢安等人，不但能在文坛上潇洒脱俗，而且能在朝堂

清代苏六朋所绘《清平调图》。这幅画描写的是唐玄宗命令李白作"清平调"的故事

清代苏六朋所绘《太白醉酒图》。此图描绘的是李白醉酒于唐玄宗宫殿之内的情景

建功立业。所以，李白渐渐地对进入长安充满了期待。

开元二十三年（735年），李白借唐玄宗狩猎的时机，献上《大猎赋》，希望能博得唐玄宗的赏识。但是，当时的唐玄宗对李白并不欣赏，所以李白在长安待了一年多，却仍然没有出仕的机会。后来，李白发出"行路难，归去来"的感叹，带着失望离开了长安。

天宝元年（742年），由于唐玄宗的妹妹玉真公主和贺知章的推荐，唐玄宗看了李白的诗赋，对其十分仰慕，于是便召李白进宫。李白进宫朝见那天，唐玄宗亲自下辇迎接李白。在唐玄宗问到一些时政问题的时候，李白凭半生饱学及长期对社会的观察，回答得相当出色。于是唐玄宗对李白大为赞赏，随即令李白供奉翰林，陪侍皇帝左右。唐玄宗每次宴会或者郊游，必带的人就是李白，而李白也在这些场合为唐玄宗赚足了面子。如此恩宠又怎能不遭人妒忌呢，许多同僚开始疏远李白，并且在暗地里诋毁李白。身性骄傲的李白从不会去巴结奉承一个人，所以，他在朝廷中得到的帮助很少，再加上曾被逼为李白脱靴的高力士在唐玄宗面前的不断诋毁，在不久之后，李白被赐金放还。

无奈的李白只好再一次寄情于山水。这段时间里，唐玄宗逐渐昏庸，盛世唐朝逐渐没落，这让李白无法安心地享受山水风景。

天宝十四年（755年），安史之乱爆发，当时的李白正避居庐山。面对战乱，李白的内心十分矛盾，退隐与济世两种思想让他难以抉择。这时，他遇见了永王李璘，于是，李白放弃了退隐的想法，成为了永王的幕僚。但是，由于永王在战争中的溃败触怒了当时即位不久的唐肃宗，李白也因此被流放夜郎。在取道四川前往夜郎时，蜀道的艰难使李白联想到了自己当时的悲惨境遇，再加上对繁华中原的不舍，李白写下了著名的《蜀道难》。

乾元二年（759年），李白行至巫山时，朝廷因关中遭遇大旱，宣布大赦，李白终获自由。经过长期的辗转流离，李白终于重获自由，他随即驾着轻舟从长江疾驶而下。途中，李白怀着复杂的心情，写下了那首著名的《早发白帝城》来描述自己当时复杂的内心世界。

早发白帝城
朝辞白帝彩云间，千里江陵一日还。
两岸猿声啼不住，轻舟已过万重山。

上元二年（761年），已六十岁的李白因病返回金陵。在金陵，他的生活相当窘迫，不得已只好投奔了在当涂（位于今安徽省境内）做县令的族叔李阳冰。上元三年（762年），李白病重，在病榻上把手稿交给了李阳冰，赋《临终歌》而与世长辞，终年六十一岁。

李白在他有生之年为后人留下了无数绝美的诗赋。就像杜甫说的一样，"笔落惊风雨，诗成泣鬼神"，李白的诗赋风格雄奇奔放，跌宕起伏，在豪迈气息之下却又俊逸清新，富有浪漫主义精神，达到了内容与艺术的完美统一。李白的诗赋以其独特的艺术魅力和鲜明的艺术特色，让人不得不感叹，原来，他竟是神仙谪落凡间！

追求自由的女冠诗人
——李冶

　　唐朝是我国诗歌创作的黄金时代，能诗者遍布朝野，"帝王、将相、朝士、布衣、童子、妇人、缁流、羽客靡弗预矣"。此时，一大批优秀的女诗人也层出不穷，而女冠（女道士）诗人更是独领风骚。这些女冠诗人创作出的诗作更是中国女性文学史上的一曲绝唱。今天，我们故事的主人公就是一位女冠诗人。

　　她姿容俊美，天赋极高，颇具文采，她的诗作言论大胆，她和同一时代的著名女诗人鱼玄机、薛涛一样，都是渴望爱情的寂寞女才子，但是却是三人中最风光的，曾经"蒙主（皇帝）宠召"，晚年入宫。但是，她却未能像薛涛一样明哲保身，最后被德宗下令乱棍打死，不能善终，她就是唐朝著明的女冠诗人李冶。

　　李冶（713年—784年），字季兰，乌程（今浙江吴兴）人。据说李冶天生丽质，而且从小就显露出了诗才，这可以从元代作家辛文房所著的《唐才子传》中形容李冶的句子看出："美姿容，神情萧散。专心翰墨，善弹琴，尤工格律。当时才子，颇夸纤丽，殊少荒艳之态。"这说明李冶很小就显露出了作诗的才华，这并非传闻，而是有作品为证，她在五六岁时就作出了一诗。

咏蔷薇
经时未却架，心绪乱纵横。
已看云鬓散，更念木枯荣。

　　没想到，李冶的父亲看到这首诗时却极为恼怒，有着根深蒂固的封建观念的李父认为，李冶的"经时未却架，心绪乱纵横"一句写蔷薇枝藤柔软，该架时不架，便会倒伏在地，乱爬乱窜的情状，其实是以此预言她必将"失

104

元代赵原所绘的《陆羽烹茶图》。陆羽因为对茶十分有研究而被尊为"茶圣"

行"。李父对李母说："此必为失行妇也！"后来，李冶跟一些文士交友，李父听到了风声，他听说女儿和这些文士们说话时有轻薄之词，李父害怕女儿将来长大了难以管教，丢家门的脸，于是，在李冶十一岁时，李父便将她送进了玉真观修行。

　　做了女冠之后的李冶慢慢长大。她神情潇洒，专心翰墨；生性浪漫，爱作雅谑；又善弹琴，尤工格律，所以艳名和诗名都流传在外，结交了很多名士，例如陆羽、刘长卿、阎伯均、朱放、崔涣等，还经常参加文人间的聚会。如果放在今天，李冶不光是一个才女，还是一个非常出色且极富影响力的社交专家。

　　李冶的言论非常大胆。据说，有一次，李冶跟多位名士在乌程开元寺聚会，李冶竟然在席上当众引东晋诗人陶渊明的《饮酒诗》，调侃他"山气日夕佳"（"山气"音同"疝气"，暗喻他患有疝气）。当时，著名诗人刘长卿也在场，但他非但不生气，还很有风度地同样引用陶渊明的诗《读山海经》中的诗句"众鸟欣有托"回应。然后，整个聚会上的人哄堂大笑，都夸两人引用得好。一名女冠诗人竟然在聚会上和男人一起说隐晦的黄色笑话，由此可见李冶放荡不羁的性格，以及她在这些名士当中的地位。试想，如果将李冶这个女儿养在家中，李父看到女儿如此开放，肯定会气得背过气去吧！

在李冶结交的好友中，被尊为"茶圣"的陆羽是很值得一提的一位，两人的关系极为密切，从李冶的诗中推断，两人还很有可能是情侣关系。

据说，有一次，李冶生病了，于是她搬到了燕子湖畔调养。陆羽得知消息后赶紧去探望，后来李冶就写了一首《湖上卧病喜陆鸿渐至》。

湖上卧病喜陆鸿渐至
昔去繁霜月，今来苦雾时。
相逢仍卧病，欲语泪先垂。
强劝陶家酒，还吟谢客诗。
偶然成一醉，此外更何之。

从诗中可以看到，李冶生病时，陆羽去看望李冶。两人见面后，陆羽看到李冶仍然病着，两人还没来得及说话，眼泪已经掉下来了——"相逢仍卧病，欲语泪先垂"。由此可见，两人关系密切，很有可能是情侣关系。后来，等病好一点以后，潇洒不羁的李冶便不顾陆羽的劝阻，要和陆羽一起喝酒——"强劝陶家酒"。最后陆羽拗不过李冶，李冶便喝醉了，而且还感觉非常满足和幸福——"偶然成一醉，此外更何之"。

李冶是个才华横溢的女诗人，同时也是个多情的女诗人。她的"绯闻男友"绝非陆羽一个。在《全唐诗》中，虽然李冶只留下了十六首诗，但差不多全是情诗，都是写给情人的。

在认识陆羽之前，因为一次在剡溪边游玩的机会，李冶遇到了英俊书生朱放。才子佳人相见恨晚，在剡溪边谈论诗文，直到天黑了才依依不舍地分离。七天后，两人又约在剡溪边见面，谈论诗文。此后，两人便经常在一起游山玩水、谈论诗文。朱放也不时以香客的身份到玉真观探望李冶。后来，朱放到江西做官，两人还经常互通书信，诉说相思之苦。

寄朱放
望水试登山，山高湖又阔。
相思无晓夕，相望经年月。

郁郁山木荣，绵绵野花发。

别后无限情，相逢一时说。

从诗中可以看出，李冶时刻盼着和朱放再次相逢的那一天，心中有诉说不尽的千言万语。除《寄朱放》之外，李冶还写了下面这首《明月夜留别》来表达对情郎的思念。

明月夜留别

离人无语月无声，明月有光人有情。

别后相思人似月，云间水上到层城。

可是，此时朱放正忙于官场的应酬，无暇来看望李冶，于是两人的感情慢慢淡了。

除此之外，李冶还为另外一些交往甚密的友人写过诗。先摘录两首以飨读者。

送韩揆之江西

相看折杨柳，别恨转依依。

万里西江水，孤舟何处归？

湓城潮不到，夏口信应稀。

唯有衡阳雁，年年来去飞。

送阎二十六赴剡县

流水阊门外，孤舟日复西。

离情遍芳草，无处不萋萋。

妾梦经吴苑，君行到剡溪。

归来重相访，莫学阮郎迷。

这些诗把男女间的友情（或说"感情"更合适）写得酣畅淋漓、洒脱坦荡。李冶大胆地表达了自己真实的内心感受，不被当时的社会世俗所束缚。这些作品是女性意识迸发的代表作。

后来，李冶的诗名传到了喜爱文才的唐玄宗耳朵里，他特别想见一见这位奇女子，于是传召李冶入宫。此时的李冶已经年过

唐玄宗李隆基像

四十，想到自己没有在最美的时候见到圣上，李冶颇为感慨，于是在入京前写下了感情复杂的《留别广陵故人》。

留别广陵故人
无才多病分龙钟，不料虚名达九重。
仰愧弹冠上华发，多惭拂镜理衰容。
驰心北阙随芳草，极目南山望旧峰。
桂树不能留野客，沙鸥出浦谩相逢。

等唐玄宗见到这位写出出色情诗的奇女子时，颇为意外，没想到写出这样深情诗作的，竟然是个半老徐娘。于是玄宗打趣说："虽年高，亦一俊媪也。"意思是说，李冶虽然是个半老徐娘，但是仍然貌美、风韵犹存。后来，唐玄宗留李冶在宫中住了一个月，将她遣回故乡，所受的待遇和赏赐相当丰厚。

李冶潇洒一生，结交无数名士，最后却因为交友不慎而丧命。到唐德宗时，李冶因上诗给叛将朱泚，于784年被德宗下令乱棒扑杀，可怜一代风流才女，竟成了政治风浪的受害者。

李冶是一位不受封建礼法约束，思想和行动上追求自由的女诗人，虽然她流传后世的诗作并不多，但是从这些仅有的诗作中就可以看出她的才华。因此，后人才将她与薛涛、鱼玄机、刘采春一起，并称为"唐代四大女诗人"。

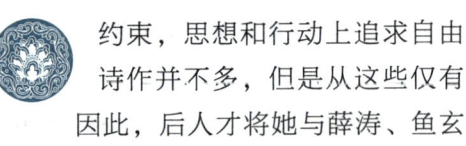

"总括万殊，包吞千有"的史论巨著
——《史通》

史学评论在我国源远流长，早在先秦史籍《左传》中，就出现了一种"君子曰"的史论形式，这种体例深受后世史学家的欢迎，他们纷纷对其进行效仿。后世的史学巨著大多沿用这种体例，如《史记》中的"太史公曰"、《汉书》中的"赞"、《三国志》中的"评"，以及后史的"史臣曰"，这种体例成为了史学评论的主流。

随着史学的不断发展，史学批评逐渐发展起来。随着史学批评的兴盛，一种以论述史籍得失、评论史学体例、研究撰史方法为主要内容的新的史论形式出现了。到了唐代，史学家刘知几对先辈的批判精神进行发扬，将这种史学形式发展成"总括万殊，包吞千有"的史论著作，写出了我国第一部系统性的史学理论专著《史通》，为后世留下了一部兼有史学理论和史学批评的宏伟巨著。

刘知几（661年—721年），字子玄，唐代彭城（今江苏省徐州市）人。刘知几生在名门，父兄都是帝王幕僚，并以辞章闻名于世。因为家学渊源，刘知几自幼博览群书，攻读史学，积累了丰富的史学知识。唐高宗永隆元年（680年），刘知几高中进士，外放做官。武则天圣历二年（699年），刘知几被调入长安，开始从事自己最热爱的史学事业，曾先后参与撰修起居注及唐史。但是，在修史过程中，刘知几发现，作为一名史官，自己竟然没有著述的自由，在权贵的控制之下，刘知几每次的编修都必须按照上面的意思来完成，这让他非常郁闷。于是，刘知几决定私自编著一部史书，以表达自己的不满。九年之后，即唐中宗景龙四年（710年），我国古代第

唐代的三彩
文官俑

一部对史学理论和方法进行系统总结的专著《史通》撰成。

《史通》全书的主要内容基本上可以概括为史学理论和史学批评两大类别。它涵盖的范围十分广泛，主要包括评论史书体例和编撰方法，论述史籍源流与前人修史的得与失。由于《史通》总结了唐代以前史学的全部问题，因而在史学界具有崇高的地位，对后世的影响非常深远。

《史通》总共二十卷，包括内篇和外篇两部分，内外篇各十卷。内篇有三十九篇，外篇有十三篇，共计五十二篇。遗憾的是，其中属内篇的《体统》、《纰缪》、《弛张》三篇，在北宋时期散佚，未能保存下来，现存的只有四十九篇。在《史通》中，内篇是全书的主体，它以评论史书体裁体例为主，着重讲了史书的体裁体例、史料采集、表述要点和作史原则等方面的内容。外篇则包括对史官制度、史籍源流、前人修史的得失的评论以及作者对历史的观点等。

在内篇中，《史通》总结了唐初以前编年体史书和纪传体史书在编纂上的特点和得失。在史书体例方面，刘知几在《史通》中第一次对纪传体史书的各部分体例作了全面而详尽的分析，还讲述了许多修史的方法技能。他认为，在收集材料时，应该"征求异说，采摭群言，然后能成一家"，对于杂史，刘知几认为不应该全盘否定，他主张对各种"杂史"应当分其短长而有所选择，对里面记载的"异辞疑事，学者宜善思之"。关于作史原则，刘知几有着鲜明的立场，他坚持直书，反对曲笔。他主张写史应当"仗气直书，不避强御"，他认为曲笔会让后世之人解读历史时出现误解，修史就应该直接，这样史书才能荣厚千载。刘知几的这种思想和他的坚持，使史学上直笔的优良传统得到了进一步发扬。

外篇中的《史官建置》简要地讲述了我国史官制度的演变和他对这种制度的一些评论，《古今正史》叙述历代史书源流。刘知几是一位态度非常严谨的学者，他极富批判精神，在修史过程中，他对一些表述不清的史事和儒家经典中的一些观点提出了质疑，这足以证明他修史书的严谨态度。《杂说》等篇本是读史札记，这里面包含了刘知几对以往史学家和其所著史书的一些评论，刘知几对他们的得失进行了评述，在评述过程中，刘知几还将自己的见解和倾向也写到了里面。

唐代的三彩
武士俑

在《史通》中，刘知几把史学家的工作分为三个等级：第一就是那些敢于奋笔直书、写出真实历史的人，如董狐等；第二是善于编纂史书，将史书修得十分优秀的人，如左丘明、司马迁等；最后是那些学识渊博、名重一时的人，如周代的史佚等。刘知几第一次提出了史学家必须具备史才、史学、史识"三长"的论点。他认为，想要成为一名合格的史学家，就必须拥有渊博的历史知识，独到的历史见解和优秀的研究能力和表述技巧，这三点缺一不可。"三长"之中，史识是修史的基础，是最为重要的，修史要忠于历史事实，不能凭空臆测，否则就不叫历史了。他的"三长"观点在当时被称为笃论（即确切的评论），对后世的史书编纂影响深远。

《史通》是中国史学史上最早的从理论上和方法上着重阐述史书编纂体裁体例的专书，是对中国唐初以前的史学编纂的概括和总结，是中国史学家从撰述历史发展到评论史家、史书和史学工作的开创性著作。刘知几的《史通》冲破了史馆修史的弊端，通过私人撰写使史书更具真实性，也更加全面。刘知几敢于质疑先辈经典，将前人著作当中的问题和错误找出来并加以改正，极富科学精神。刘知几的这些作为，使史书记录的范围更加广泛，内容也更加丰富，对后世之人修史帮助很大。但是《史通》也不是完美无缺的，它也有很多不足。对于史书体裁而言，刘知几的眼光仅仅局限于对过往的总结，并没有提出新的看法和意见，而且他的有些观点也不够全面。例如，刘知几说以后的修史会以编年体和纪传体基础上的断代体为主，这句话说得过于绝对了。刘知几过分强调史书体例的整齐划一，这使得史书会变得过于模式化，这对于史书的编纂影响很大。

虽然争议颇多，但是我们不能否认刘知几和其《史通》的伟大，《史通》在史学界的重要地位告诉我们，刘知几对中国史学界的贡献是值得我们尊敬的，而刘知几也是值得我们所有人缅怀的。

在"诗圣"杜甫的诗歌中品味历史

他的诗歌,忠实地描绘出了时代的面貌和自己内心对国家的担忧;他的诗歌是时代的一面镜子,真实地反映了辉煌的唐王朝由盛转衰之后,劳苦大众的悲惨境遇。他的诗歌,是一本解读唐朝中后期的史书。他就是我国历史上最伟大的诗人之一——诗圣杜甫。

杜甫(712年—770年),字子美,自号少陵野老,杜少陵,杜工部等。原籍湖北襄阳,生于河南巩县,唐代伟大的现实主义诗人,号称"诗圣",其诗被称为"诗史",其代表作有著名的《三吏》、《三别》等。

杜甫是晋朝名将杜预之后,祖父杜审言是唐初著名诗人,父亲杜闲曾做过奉天县令。生在这样的官宦之家,杜甫深受家庭氛围的熏陶,自幼就十分渴望踏入仕途,造福一方百姓。而且,在祖父的影响下,杜甫爱上了诗歌,他认为,写诗是最能表达自己内心想法的方式。

开元十九年(731年),杜甫二十岁,这时的他开始漫游祖国大地。五年之后,他回到洛阳参加科举考试,可惜却未能金榜题名。于是,杜甫继续自己的游历生涯。这一段时间可以说是杜甫人生中最美好的时光了,他纵马轻狂,畅游齐赵,生活得潇洒惬意。而且,这段时间里,杜甫认识了另一位伟大诗人李白,两人一见如故,结下了千古传颂的友谊。这个阶段,杜甫壮志满满,一心想大展宏

杜甫像

图，所以，他此时的诗歌以咏志居多，《望岳》便是这个时期的佳作之一。杜甫在游览泰山的时候，深深地被泰山的雄伟所震撼，于是，他提笔写下了这首赞美泰山的美丽诗篇。

> 望岳
> 岱宗夫如何？齐鲁青未了。
> 造化钟神秀，阴阳割昏晓。
> 荡胸生层云，决眦入归鸟。
> 会当凌绝顶，一览众山小。

这首诗是杜甫早期的作品，此时杜甫满怀豪情，抱负远大，诗歌通过描绘泰山雄伟磅礴的气象，流露出了作者对祖国山河的热爱之情，表达了诗人不怕困难、敢攀顶峰、俯视一切的雄心和气概，以及兼济天下的豪情壮志。

天宝五年（746年），杜甫前往长安参加科举考试。满怀信心的他万万没有想到，这竟然是他人生的一个悲惨的转折。当时的唐玄宗已经不再是那个被杜甫以及广大百姓爱戴的圣明君王了，他整天只顾着和杨贵妃花前月下，朝政已经落入李林甫这等奸臣手里了。可想而知，像杜甫这种正直的文人即便是再有才华，也不会被李林甫看中，所以，杜甫的落榜就成了必然。

看见自己通过科考进入朝堂的梦想破碎之后，杜甫并没有死心。他决定以自己的才华来打动唐玄宗。于是，杜甫拿着自己的诗赋，不断拜访当时的一些名士贵族，希望通过他们得到唐玄宗的青睐。这段时间里，杜甫过着"朝扣富儿门，暮随肥马尘，残杯与冷炙，到处潜悲辛"的凄惨生活。可是，无数的委屈和无数的白眼最后换来的却只是胄曹参军（主要是看守兵甲仗器、库府锁匙）这样的小官。这让杜甫深受打击，所以他开始将目光投向社会，用诗的形式将当时的黑暗社会现实记录了下来。

杜甫发现，此时百姓们已经被繁重的兵役、贪官的剥削弄得十分贫困了。于是，杜甫写出的诗歌充满了对贫苦百姓的怜悯和对腐败统治的不满。就像《兵车行》当中说的："纵有健妇把锄犁，禾生陇亩无东西。"这句诗，以妇女耕种从侧面说明了兵役的繁重。在春耕这个关键的时期，家中男丁却要服役，这种情况之下，庄稼怎么能种得好呢？种不好庄稼，百姓又如何生活呢？"生女犹得嫁比邻，生男埋没随百草"。要知道，在古代，重男

清代王时敏所绘《杜甫诗意图》之"松云绝壁"。《杜甫诗意图》共十二页，皆以杜甫诗意入画

轻女的思想相当严重，而诗中百姓却是宁可生女孩也不愿生男孩，这深刻地将统治者不顾百姓死活、只顾自己武功的丑恶嘴脸刻画了出来，充满了对统治者的嘲讽和抨击。

　　安史之乱爆发之后，杜甫急切地想为平息战乱作出贡献，所以，他冒着危险独自去投靠肃宗。可惜，杜甫被安史叛军中途俘获，押解到长安。在长安，当杜甫听到官军一败再败的消息时，他的心中充满了悲愤和对山河破碎的感慨和忧伤，于是他写下了《月夜》、《春望》、《哀江头》、《悲陈陶》等诗，以抒发自己当时沉郁的心情。后来，杜甫逃脱安史叛军，来到凤翔（位于今陕西省宝鸡市境内）行在，做了左拾遗。后来，杜甫由于忠言直谏，上疏为宰相房琯求情而被贬华州。在前往华州的路上，杜甫见到了安史之乱后官员贪婪横行的嘴脸和百姓困苦不堪的情景，于是，杜甫用诗歌的形式将自己的所见所闻真实地记录

清代金廷标所绘《莲塘纳凉图》，该图描写的是杜甫的五律《陪诸贵公子丈八沟携妓纳凉晚际遇雨》二首之一的诗意

了下来，写成了他不朽的作品，即《三吏》、《三别》。(《三吏》为《石壕吏》、《新安吏》、《潼关吏》；《三别》为《新婚别》、《无家别》、《垂老别》)。

一次次的打击使杜甫变得心灰意冷。饥荒和兵灾不断地袭扰着百姓，也不断袭扰着像杜甫这样的贫穷小官。面对饥荒和兵灾，杜甫选择了弃官。他带着家人前往蜀地避难，在这里，杜甫过了一段贫穷而安定的生活。可是，好景不长，在蜀中军阀叛乱之后，杜甫又开始四处流浪。最终，在湘江一带，已经五十八岁的杜甫没有抵抗住病魔的侵袭，病逝于此地。

在杜甫生命的最后一段时光里，他四处飘荡，生活得极其贫困，而在这种情况下，他仍然不忘关心国家局势，不停地为国担忧。所以，在杜甫的最后一段时光里，他的作品以描写自己的困苦生活和书写爱国之情为主。如《茅屋为秋风所破歌》中，杜甫通过一场雨，将自己的悲惨生活充分地表现了出来。同时，他也在感慨：和自己境遇一样的"寒士"什么时候才能摆脱这种生活啊！虽然杜甫被朝廷伤透了心，但是，他内心仍然强烈地希望官军能够获得胜利。在他的作品《闻官军收河南河北》中，当他听说官军收复蓟北之后，狂喜之情充满了字里行间。

杜甫是一位伟大的诗人，他的一生创作了一千多首诗，为后世留下了宝贵的财富。同时，他也是一位史官，他将唐朝由盛转衰的历史记在了自己的诗歌当中。他热爱生活，热爱人民，热爱祖国的大好河山，他的诗歌中充满了忧国忧民的情绪，他以最普通的老百姓为主角，同情人民，愿意为人民作出牺牲，足见其伟大。

中国第一部专门论述典章制度的通史
——《通典》

《通典》是我国第一部专门论述典章制度的政书，全书二百卷，编辑体例分为九门，依次为食货典十二卷、选举典六卷、职官典二十二卷、礼典一百卷、乐典七卷、刑典二十三卷、州郡典十四卷、边防典十六卷。本书上起传说中的唐虞，下至唐玄宗天宝末年，食货等部分又涉及唐肃宗、代宗、德宗时期的情况。《通典》不仅有显著的编辑特色，还有丰富的编辑思想，在史学界和全社会产生了广泛而深远的影响。

《通典》的作者杜佑，字君卿，是唐朝京兆万年（今陕西省西安市）人，生于唐玄宗开元二十三年（735年），病逝于唐宪宗元和七年（812年）。杜佑出身于一个名门望族，受家庭的影响，他从小饱读诗书，有很高的文化修养。杜佑二十岁左右就进入仕途，四十多岁时开始担任中央高级官员和岭南、淮南等地的长官，在将近七十岁时官居宰相，在七十八岁去世不久前才退休。可以说，杜佑既是一个史学家，又是一个政治家，他以史学家的眼光处理现实的政治经济问题，又以政治家的见识撰写历史著作，而且在这两方面都取得了成功。

杜佑编撰《通典》用了整整三十五年。杜佑认为，文学有重要的社会功用。所以，他撰写《通典》的目的，是为了"征诸人事，将施有政"，也就是说，他是要通过对历史上政治、经济制度方面的考察，来为当时的政治经济活动以及帝王的统治政策提供指导。

《通典》的结构具有严密的内在逻辑联系。杜佑在《通典·自序》中说："夫理道之先，在乎行教化，教化之本，在乎足衣食。……夫行教化在乎设职官。设职官在乎审官才。审官才在乎精选举。制礼以端其俗，立乐以和其心，此皆先哲王致治之大方也。故职官设然后兴礼乐焉，教化隳然后用刑罚焉，列州郡俾分领焉，置边防遏戎狄焉。是以食货为之首，选举次之，职官又次之，礼又次之，乐又次之，刑又次之，州郡又次之，边防末之。"这段话的大概意思是说，治理国家的关键是进行教化，而教化的前提是丰衣足食，不能满足百姓基本的生存需要，安定社会的一切环节都形同虚设。在这里，按照"经邦济世，治国安民"的原则，杜佑指出了自己的一个主要观点——治理国家，社会经济条件最重要。

　　这一整段话条理清晰地说明了杜佑对封建制度的整体理解。在叙述各种制度及历史时，杜佑都是按照年代顺序原原本本地叙述的，在有些史实下面还引录了前人的有关评论，并写下了自己的看法，提高了《通典》的学术和经世致用价值。而这也正体现了《通典》显著的编辑特色：包含了贯通古今的内容，开创了典志体通史的编辑新体裁；将"食货典"置于首位的结构安排，具有创新意义；开创了分门别类的编辑体例；形成了别具一格的编辑"自注"；重视前人议论得失的材料选编。

　　就当时的历史条件来说，杜佑指出社会经济的重要作用，非常具有前瞻性和开创性。而且，杜佑对经济重要性的强调，对古代思想观念的发展进步也有一定的影响。《通典》把食货放在各类问题的首位，这在史书中也是没有先例的。在经济政策上，杜佑指出，要处理好国足与家足的关系。他指出，家足是国足的基础，家足才能使社会安定，国家富强。此外，杜佑还根据当时的社会经济状况，提出"薄敛"和"节用"的建议，认为统治者应该努力减轻百姓负担，只有百姓的小家富足，国家这个大家才能正常运转。将这些观点放在今日来看，依然是非常切合实际的。

　　《通典》还具有丰富的编辑思想，这主要体现在三个方面。

　　第一，强调编辑工作的重要性。在杜佑之前，很少有人将文字放在如此重要的位置——"将施有政"，也就是说，杜佑在编撰前，就确定了自己这本书的定位——政书，他要写一本为政治服务的书。

　　第二，编著有鲜明的时代特点。因为这是一本要为政治服务的书，所以杜佑非常重视这本书的实用性，力争达到"经邦致用"。

唐代《侍马图》，1972年于新疆吐鲁番阿斯塔那188号墓出土，木框紫绫边牧马屏见共八扇，此类鞍马题材的绘画在盛唐时期很流行

第三，不信怪异、勇于疑古、实事求是的编辑态度。《通典》中写到的内容和观点力求真实客观，对于前人的观点，也不是全盘接受，而是根据当下的环境变化，批判地接受。

正是因为其显著的编辑特色和其丰富的编辑思想，《通典》问世后，在史学界、政治界乃至全社会都产生了深远的影响。

《通典》一问世，就如一个重磅炸弹，引起了史学家和学者们的高度重视，"其书大传于时，礼乐刑政之源，千载如指诸掌，大为君子所称"。也就是说，《通典》在当时就是一本非常成功的"畅销书"。这本书之所以能引起史学家和学者们的高度重视，是因为如当时的左补阙李翰为《通典》作的序中说："使学者得而观之，不出户，知天下，未从政，达人情，罕更事，知时变，为功易而速，为学精而要。"试想，学者们只要看此书，不出门就可知天下事、通达人情世故、知晓世事变幻、学得最精要的知识，哪位学者不会将此书奉为宝典呢？在《通典》这本"畅销书"成功以后，跟风作相继出现，其中，宋人郑樵的《通志》和元人马端临的《文献通考》是比较成功的，它们还获得了与《通典》并称"三通"的殊荣。

《通典》问世后还引起了统治者的关注。因为《通典》的目的是要为今后的政治经济活动提供指导，所以其问世后，获得了历代当权者的重视，尤其是清代统治者的重视程度最高。清代开始从政治上提高以《通典》为代表的典志体在史书中的地位，还设馆仿作。乾隆时期编纂的大型官修书目《四库全书总目》中首次列了一个新类目——"政书"，而《通典》高居"政书"之首。

此外，《通典》为繁荣整个典志体史书的编辑带来了活力。翻阅自唐代以来各种官修目录、私修目录和史志目录我们就可以看出，在史学著作中，典志体的史书不仅数量俱增，而且形式越来越多样。例如，乾隆十二年（1747年）以后，陆续出现了"续三通"（即《续通典》、《续通志》、《续文献通考》）和"清三通"（即《清朝通典》、《清朝通志》、《清朝文献通考》）。史学著作出现如此大的活力和变化，不能不说是《通典》的功劳。

清代的《四库全书总目提要》中写到《通典》时说："博取五经群史及

汉魏六朝人文集奏疏之有裨得失者，每事以类相从。凡历代沿革，悉为记载，详而不烦，简而有要，原原本本，皆为有用之实学，非徒资记问者可比。考唐以前之掌故者，兹编其渊海矣！"由此可见，要想全面客观地了解唐天宝以前的民族发展史，《通典》为必读书目之一。

新乐府运动的代表作
——《秦中吟》

唐朝是中国古典诗歌史上的黄金时代，这个时期产生了许多优秀的诗人和无数光辉灿烂的诗篇。就在唐朝贞元、元和之际，广大地主士大夫要求革新政治，以中兴唐朝的统治。在这股革新政治浪潮的影响下，一些优秀的有良知的诗人发出了革新诗歌的呼声，主张复兴古代的采诗制度，以自创的新的乐府题目写时事，发扬《诗经》和汉魏乐府讽喻时事的传统，以使诗歌起到"补察时政"、"泄导人情"的作用。这批发出革新呼声的诗人中有白居易、元稹、李绅、张籍和王建等人，其中白居易是最重要的倡导者之一。

白居易（772年—846年），字乐天，号香山居士，河南新郑（今河南省郑州新郑市）人，祖籍山西太原。白居易出身于书香门第，其祖父白湟和父亲白季庚都是诗人。白居易出生后不久，河南一带便发生了战事，战火烧得民不聊生。就在白居易两岁的时候，他任巩县县令（今河南省巩义市）的祖父卒于长安，不久他的祖母又病故。780年，白居易的父亲白季庚被授徐州彭城县县令。一年后，白季庚因坚守徐州有功，升任徐州别驾。为了让家人避开徐州战乱，白季庚把家人送往了安徽宿州符离。于是白居易在宿州符离度过了他的童年时光。

白居易自幼聪明，读书十分刻苦，据说白居易读书读得口都生了疮，手都磨出了茧，年纪轻轻的，头发全都白了。先天的天赋加上后天的努力，白居

白居易像

易很年轻的时候就有了很高的学养，至今还流传着"顾况戏白居易"的典故。

据说，白居易初次参加科举考试的时候，虽然已经有了深厚的文学积淀，但是名声还不响。刚到京城长安，白居易便拿着自己的诗作去拜见著作郎顾况。顾况看到白居易的名字，便和他开玩笑说："长安物价高，在这儿居住可不容易。"（况睹姓名，熟视白公曰："米价方贵，居亦弗易。"）等顾况看完白居易的《赋得古原草送别》一诗时，大为惊奇，尤其为其中的"野火烧不尽，春风吹又生"拍案叫绝，于是马上变了口气，说："能写出这么好的诗句，住在这儿容易得很，我之前是开玩笑的。"（却嗟赏曰："道得个语，居即易矣。"）后来，顾况向别人谈起白居易的诗名时，经常赞不绝口，于是白居易的诗名就传开了。下面就是白居易十六岁所作的成名作《赋得古原草送别》。

赋得古原草送别

离离原上草，一岁一枯荣。
野火烧不尽，春风吹又生。
远芳侵古道，晴翠接荒城。
又送王孙去，萋萋满别情。

这是一曲野草颂，进而是生命的颂歌。诗的前四句侧重表现野草生命的历时之美；后四句侧重表现其共时之美。白居易通过对古原上野草的描绘，赞颂了野草顽强的生命力，抒发了作者送别友人时的依依不舍之情。

白居易在唐贞元二十六年（800年），即在其二十九岁时中进士，先后任秘书省校书郎、盩至尉、翰林学士、左拾遗，写了大量反应新乐府运动精神的讽喻诗，代表作有《秦中吟》十首、《新乐府》五十首、《观刈麦》、《杜陵叟》等。其中《秦中吟》十首在反映社会现实、抨击黑暗势力方面相当深刻，发人深省，使权贵切齿、扼腕、变色。白居易在《与元九书》中也说："闻《秦中吟》，则权豪贵近者相目而变色矣。"

《秦中吟》共包括《议婚》、《重赋》、《伤宅》、《伤友》、《不致仕》、《立碑》、《轻肥》、《五弦》、《歌舞》、《买花》十首。《秦中吟》揭示的都是当时存在的黑暗、不平的社会现象，例如《议婚》对当时受封建门第观念影响的攀高结富的婚姻观进行了评论；《重赋》对当时的重赋表达了批判；《伤宅》对当时的达官贵人大兴土木、营造园第的丑恶行径进行了讽刺；《伤友》对朋友之道今不如古的现象表现了一种感伤凄凉之情；《轻肥》、《歌舞》通过对达官贵人的靡费无度和广大百姓的深重苦难作对比，深刻地揭露了当时的社会矛盾；《买花》仅从买花这个小角度着笔，深透剖析，揭露出了当时社会的种种弊端。后世评论者常将这组组诗与杜甫诗相提并论，而其中的《重赋》常与杜甫的《石壕吏》相比。

重赋

厚地植桑麻，所要济生民。
生民理布帛，所求活一身。
身外充征赋，上以奉君亲。
国家定两税，本意在忧人。
厥初防其淫，明敕内外臣：
税外加一物，皆以枉法论。
奈何岁月久，贪吏得因循。
浚我以求宠，敛索无冬春。
织绢未成匹，缲丝未盈斤。
里胥迫我纳，不许暂逡巡。
岁暮天地闭，阴风生破村。
夜深烟火尽，霰雪白纷纷。
幼者形不蔽，老者体无温。
悲端与寒气，并入鼻中辛。
昨日输残税，因窥官库门：
缯帛如山积，丝絮似云屯。
号为羡余物，随月献至尊。
夺我身上暖，买尔眼前恩。
进入琼林库，岁久化为尘！

明代郭诩所绘的《琵琶行图》以白居易的长诗《琵琶行》为内容

作者以"代言体",用农民的口吻叙述社会的不公平——重赋。德宗时,宰相杨炎把"租庸调"合并,分春秋两季征收,是为"两税",这个政策本来是为了减轻农民负担——"国家定两税,本意在忧人",但是后来实际征税的情况是,不管什么季节,官府都来聚敛,纺织的绢还没有成匹、缫的蚕丝还不足一斤,小官吏就来催逼了——"浚我以求宠,敛索无冬春。织绢未成匹,缫丝未盈斤"。这种横征暴敛的结果是,老百姓辛苦养蚕制丝,但是最后却连衣服都穿不上。原来,在当时,皇帝除国库外,另设私库储藏群臣进贡的财物,以供自己享乐之用。而"上梁不正下梁歪",地方官员也借机巧立名目,大肆搜刮聚敛,夺去老百姓的基本生活所需——"夺我身上暖,买尔眼前恩",以赋税的名义向皇帝进贡,从而得到加官晋爵的机会。白居易对此现象大为不满,对贪官污吏的丑恶行径进行了强烈批判,并在诗的后半部分对重赋产生的后果进行大力渲染,强化了对"夺我身上暖"的最高统治者的仇恨。

因为青年时期家境贫困,白居易对社会生活和人民疾苦比较了解,不少诗篇都与税收有关。除了这篇《重赋》,《观刈麦》中的"家田输税尽,拾此充饥肠"等句也揭示了当时赋税的繁重;《杜陵叟》中的"长吏明知不申破,急敛暴征求考课,典桑卖地纳官租,明年衣食将何如?剥我身上帛,夺我口中粟"等句反映了苛税后农民的悲惨处境。

除了这首《重赋》,《买花》也是《秦中吟》中很有名的一首。这首诗通过对"京城贵游"买牡丹花的描写,揭露了深刻的社会矛盾。

买花

帝城春欲暮,喧喧车马度。
共道牡丹时,相随买花去。
贵贱无常价,酬值看花数。
灼灼百朵红,戋戋五束素。
上张幄幕庇,旁织笆篱护。
水洒复泥封,移来色如故。
家家习为俗,人人迷不悟。
有一田舍翁,偶来买花处。

低头独长叹，此叹无人谕：
　　一丛深色花，十户中人赋！

　　全诗分两大段。"人人迷不悟"以上十四句，写"京城贵游"买花；以下六句，写田舍翁看买花。白居易这首诗的高明之处，在于他从买花处所发现了一位别人视而不见的"田舍翁"，看见他在"低头"，听见他在"长叹"，从而借助"田舍翁"的这一声长叹——"一丛深色花，十户中人赋"点醒众人，仅仅买一丛"灼灼百朵红"的深色花，就要挥霍掉十户中等人家的税粮！而这些高贵的买花者的衣食住行，昂贵的"深色花"，都是像"田舍翁"这样的劳动人民在替他们买单。这种极其鲜明强烈的对比，尖锐地反映了剥削与被剥削的矛盾，揭示了当时社会生活的本质。

　　元和十年六月（815年），即白居易四十四岁时，宰相武元衡和御史中丞裴度遭人暗杀，但是当时掌权的宦官集团和旧官僚集团居然保持镇静，不急于处理。白居易仗义执言，上疏力主严缉凶手，以肃法纪。可是掌权者却说白居易抢在谏官之前议论朝政是一种僭越行为，还说白居易的母亲是看花时掉到井里死的，而白居易还写赏花的诗和关于井的诗，有伤孝道，品行有问题，于是借机将其贬为江州司马，驱逐出京。表面上看，白居易是因为替忠臣仗义执言而受牵连，实际上是因为白居易写的那些揭露黑暗社会现实的讽喻诗得罪了腐败的专权宦官。在当时的黑暗统治下，白居易还敢用自己的诗歌谱写人民的心声，这是十分可贵的，也正体现了白居易在其《新乐府序》中提出的新乐府诗歌的创作原则：诗歌必须担负起"补察时政，泄导人情"的政治使命，从而达到"救济人病，裨补时阙"、"上下交和，内外胥悦"的政治目的，要"为君为民为物为事而作，不为文而作也"。

晚唐杰出诗人杜牧

杜牧（803年—852年），字牧之，晚唐时期的杰出诗人。他出身于官宦世家，曾祖杜希望为玄宗时边塞名将，而且文学素养很高。祖父杜佑更是中唐三朝宰相，著有《通典》二百卷。面对家族辉煌的历史，杜牧很自豪地在诗中夸奖自己的家世："旧第开朱门，长安城中央。第中无一物，万卷书满堂。家集二百编，上下驰皇王。"（《冬至日寄小侄阿宜诗》）从诗中可以看出，杜牧对自己的出身十分自豪。

因为家境富裕，所以杜牧的童年过得无忧无虑。在家族的庇佑之下，杜牧快乐地生活，快乐地学习，丝毫不用为生计担忧。在这段时间里，杜甫不用像贫苦孩子那样早早出门谋生计，衣食无忧的他认真学习着书本中的知识，等到二十岁时，杜牧已经博通经史。

几年之后，年轻的杜牧写出了千古闻名的《阿房宫赋》，这篇文章得到了当时的太学博士吴武陵的欣赏。当杜牧准备参加科举考试时，吴武陵专门找到了时任主考官崔郾，向他推荐了杜牧，并当场诵读了这篇文章。崔郾在见到这篇文章时，当即向吴武陵承诺，杜牧一定会榜上有名。之后，杜牧果然高中。从这件事情可以看出，杜牧的才华确实出众，可是，从这件事情也反映出当时的唐朝已经走向了暮年，就连国家的根本考试都可以徇私舞弊，就算杜牧有才华，也不能就这样草率地在考试之前决定结果吧。

由吴武陵这样的饱学之士赏识推荐而进士及第，这让杜牧倍感荣耀。在放榜之日，杜牧禁不住

杜牧像

当场作诗来表达自己内心的喜悦。

及第后寄长安故人
东都放榜未花开，三十三人走马回。
秦地少年多酿酒，却将春色入关来。

这首诗中，杜牧为自己是这三十三人当中的一员而感到自豪，他们参加了无数宴会，喝掉了无数秦地美酒，在那个鲜花尚未盛开的时节，他们脸上的红光是最娇艳的，就好像春天被他们提早带进了洛阳城。

大和二年（828年）十月，杜牧进士及第后八个月，他就离开了洛阳，前往南方开始了他的政治生涯。

在这段时间里，杜牧的风流性情表现得非常突出，他这时的诗歌也多以自己的风流事迹为题材。当时的江西观察使沈传师听闻了杜牧的才华之后，将杜牧召到自己的阵营。沈传师是一位文学爱好者，非常喜欢结交知名文士，杜牧出众的才华和沈杜两家的世交关系让沈传师格外看重杜牧。由于和沈家很熟，所以杜牧经常去沈家听歌赏舞，蹭饭蹭酒。有一次，杜牧在宴会上对沈家的一名歌女张好好产生了好感，正当他准备开口向主人索要张好好时，张好好被沈传师的弟弟纳为了小妾，这种徒有羡鱼情的情景让杜牧唏嘘不已。六年之后，杜牧偶然在洛阳遇见了已经沦落为他乡之客、以卖酒为生的张好好，这种情境令杜牧感慨万分，于是他写下了一首五言长篇《张好好诗》，以此来表达自己曾经对张好好的爱慕之情和对她此时处境的感慨。这首诗，情绪饱满，文笔清秀，更兼书法飘逸，为杜牧赢得了书法家的美名。

张好好诗（节选）
洛城重相见，婷婷为当垆。
怪我苦何事，少年垂白须。
朋游今在否，落拓更能无？
门馆恸哭后，水云秋景初。
斜日挂衰柳，凉风生座隅。
洒尽满襟泪，短歌聊一书。

在沈传师幕下，杜牧很注意维护自己的形象，可能是由于世交关系，杜牧有些拘束。但是，一旦离开辖地，杜牧马上就显露"本色"。据说，

元代画家周朗所绘的《杜秋娘图》（局部），此图以杜牧所作《杜秋娘诗》为题

杜牧因为向往湖州的美景而争取了一个前往湖州的差事。当时的湖州崔刺史是杜牧的老朋友，所以杜牧刚到湖州就来到了崔刺史家里。对于这位友人的性格，崔刺史自然是一清二楚，所以崔刺史下令把全湖州在籍的名妓都召集过来请杜牧过目，希望能招待好这位友人。但是杜牧却边看边摇头，看完后还是摇头，显然是对这些女子不满意，这让崔刺史觉得很没面子。杜牧好不容易来一次湖州，自然不可能就这样败兴而归了，于是他对好友说："湖州的美女在全国都很有名，今天的这些女子在我看来实在难当美女之名，可能是真正的美女都隐藏在民间吧。我们不如举办一场大型赛舟活动，借以吸引全湖州的百姓前来观看，这样我就可以混迹于人群中，趁机寻找美女了。"

　　在朋友面前失了面子的崔刺史立即答应了杜牧的荒唐要求，劳师动众地举办了一场声势浩大的赛会。这场赛会吸引了全湖州人民的目光，可是混迹在人群中的杜牧却始终没有找到心仪的美女。直到太阳快要落山时，杜牧看见了一位老夫人牵着一个十多岁的小女孩缓缓走来。杜牧没想到，这个女孩还没长大竟然就如此美丽，于是，杜牧当即向老妇人下了聘礼，并许诺十年之内定会前来迎娶这位姑娘，如果超过十年，她就可以另嫁他人。十三年后，杜牧终于如愿以偿地当上了湖州刺史，他到达湖州后做的第一件事就是寻找当年那个姑娘，可是找到之后才发现，那个姑娘已经嫁为人妇，连孩子都有了。杜牧知道这件事怪不得别人，只好写诗来自我解嘲。

怅诗

自是寻春去校迟，不须惆怅怨芳时。

狂风落尽深红色，绿叶成阴子满枝。

　　在南方的日子里，杜牧活得风流潇洒，但是，他并没有沉浸于温柔乡当中，他始终胸怀恢复唐朝荣光的梦想。但是，面对病入膏肓的唐朝，杜牧空有一身才华却不能施展出来，这让他十分憋闷。所以，杜牧的某些作品流露出爱国忧民的感情和对腐败社会的嘲讽，如《河湟》一诗。

河湟

元载相公曾借箸，宪宗皇帝亦留神。

旋见衣冠就东市，忽遗弓剑不西巡。

牧羊驱马虽戎服，白发丹心尽汉臣。

惟有凉州歌舞曲，流传天下乐闲人。

杜牧通过描述朝廷武力收复河湟的事，表达了自己对朝廷混乱、国势衰微的无限担忧。杜牧在诗中说，现在的朝中，已经没有了像元载相公那样能够收复河湟的人物了。虽然河湟人民在戎服下依旧心系祖国，但是在这个麻木不仁的朝廷里，他们对河湟的关心仅仅限于河湟凉州传来的歌舞。

杜牧的咏史诗很著名，在他的咏史诗中，有很多是借历史题材来讽刺统治者的骄奢荒淫的，比如著名的《过华清宫》中的一首。

过华清宫

长安回望绣成堆，山顶千门次第开。

一骑红尘妃子笑，无人知是荔枝来。

在这首诗里，杜牧通过描写唐明皇为了让杨贵妃吃到新鲜荔枝而快马传送的事，有力地讽刺了晚唐帝王们的荒淫享乐，同时这也表达了他对国家未来的一种担忧，甚至说是绝望。

遗憾的是，杜牧生在了病入膏肓的晚唐时期，他的政治才华在这个黑暗时期得不到施展，这对于一心想成就功名的杜牧来说，无疑是个巨大的打击。可是，晚唐这个环境使得杜牧创作出了许多优秀的诗篇，这对于后世读者来说是一个福音。末路的唐朝，毁掉了一位能臣，却成就了一名诗坛巨擘。

一部潜藏于历史深处的诡异奇书
——《酉阳杂俎》

有这样一本书，文学名家们在阅读它时，曾产生了非常复杂的情绪，或惊喜，或愤怒，或恐惧，或感叹，或目眩神迷。

中国著名文学家、思想家、评论家、革命家鲁迅在其《中国小说史略》中提到这本书时说："此书或录秘书，或叙异事，仙佛人鬼，以至动植，弥不毕载，以类相聚，有如类书……每篇各有题目，亦殊隐僻，如纪道术者曰'壶史'，钞释典者曰'贝编'，述丧葬者曰'尸穸'，志怪异者曰"诺皋记"，而抉择记叙，亦多古艳颖异，足副其目也……"

明代李云鹄在这本书的序中说："无所不有，无所不异，使读者忽而颐解，忽而发冲，忽而目眩神骇，愕眙而不能禁……"

清朝文学家纪晓岚在其《四库全书总目提要》中说到此书时说："其收多诡怪不经之谈、荒渺无稽之物，而遗文秘籍亦往往错出其中，故论者虽病其浮夸而不能不相征引，自唐以来推为小说之翘楚……"

当代文学批评家李敬泽在其《黑夜之书》中说，此书"是一本秘密的书，它有一种魔鬼的性质，它无所不知，它收藏了所有黑暗、偏僻的知识……"

这本让无数人产生复杂感觉的书究竟是什么呢？它就是晚唐段成式的《酉阳杂俎》。

《酉阳杂俎》可以说是一部潜藏于中国历史深处的诡异奇书，它的内容涉及仙、佛、鬼、怪、道、妖、人、动物、植物、食物、梦境、盗墓、预言、凶兆、雷、丧葬、政治、科技、天文、地理、超自然现象、医药、矿产、生物、宫廷秘闻、八卦谈资、民风、壁画，可谓包罗万象。该书有前卷二十卷，续卷十卷，风格诡谲，内容更是闻所未闻，读后令人或目眩神迷，或心向往之，或战栗不已。周作人就曾说："四十前读段柯古的《酉阳杂俎》，心甚喜之，至今不变……"可见，读《酉阳杂俎》会给人留下难以磨灭的深刻印象。

《酉阳杂俎》的作者段成式，生年不详，据可靠资料称，其卒于863年。段成式字柯古，临淄邹平（今山东省邹平县）人，出身于一个官宦之家，他的父亲段文昌在文坛上颇有名气，《全唐诗》曾录载了他的若干首诗。受家族的庇佑，段成式在文宗开成初年开始走上仕途，任职集贤殿。但是，段成式的官路并非一帆风顺，他曾担任秘书省校书郎、尚书郎、吉州刺史、处州刺史、太常少卿等职，也曾因事免官，闲居襄阳，后又回到官场。仕途之路并非一帆风顺，但是却对段成式撰写《酉阳杂俎》很有帮助。尤其在任职集贤殿和担任秘书省校书郎期间，段成式为日后撰写《酉阳杂俎》收集了很多珍贵的材料，尤其在集贤殿任职时收获颇丰。集贤殿有点像现在的国家级图书馆，是当时唐代的文学三馆之一，掌管四库书，刊辑经籍。段成式在《酉阳杂俎》的续集《贬误》中说："开成初，予职在集贤，颇获所未见书。"意思是说，段成式在集贤殿工作的时候，见到了很多日常见不到的宝贵书籍。

在晚唐时期，段成式在文坛上颇有名气，与著名诗人温庭筠、李商隐并称"三才"，但是段成式在诗歌方面的艺术成就远远不及温庭筠和李商隐，他的主要文学成就在于他的《酉阳杂俎》。

《酉阳杂俎》涉及内容非常丰富，而其传奇部分，在中国文学史上有一定的地位。《酉阳杂俎》不光有文学价值，还深具历史价值、科学价值和医学价值等。书中所写的古代中外传闻、神话、故事、

唐代青釉龙柄鸡首盉

传奇曲折地反映了社会现实，为研究唐代传奇提供了宝贵的历史资料，甚至在某些方面补了正史的不足。同时，书中还记述了唐代统治阶级的秘闻轶事和南北朝交聘使者的应对和礼仪，以及中外文化、物产方面的交流，例如《境域》篇对唐代边疆少数民族的习俗作了不少的介绍，而且还介绍了当时一些外国的情况，这些内容或来自于传闻，或来自于遗文秘籍，为我们研究古代史和中外关系史，以及当时中亚及中东一些国家的历史提供了珍贵的资料。

同时，书中写到的民间婚丧嫁娶、风土习俗等也为我们了解当时的社会民俗文化提供了便利。而关于动物、植物、天文、地理、超自然现象等的说明，又极富科学价值。例如该书在《物异》、《广动植》、《木篇》、《草篇》、《艺绝》、《器奇》等诸篇中，不光记载了天象、陨星、化石及矿藏等方面的内容，还对动植物的形态与特性等也进行了比较详细的介绍，这为我国自然科学方面的研究提供了有价值的参考资料。

除此之外，《酉阳杂俎》还在《玉格》等篇中介绍了一些中草药方面的内容，这无疑又为医学研究者提供了一些研究资料。

总之，《酉阳杂俎》的内容之广泛，是"天上天下，方内方外，无所不有"，是唐代一部不可多得的类书。这本书不光在我国历史上有着广泛的影响，而且还传播到了国外，形成了一定的影响力。

美国东方学者劳费尔所著的《中国伊朗编》和英国著名学者李约瑟所著的《中国科学技术史》都曾对《酉阳杂俎》给予了高度评价，劳费尔在其《中国伊朗编》说道："段成式在大约公元860年所写的《酉阳杂俎》，提供了许多关于波斯和拂林植物的很有用的材料"。李约瑟在写《中国科学技术史》时还摘引了书中不少材料。因此，即使在当代，研究《酉阳杂俎》也有着实际意义。

但是，我们也应该看到，本书也不全是值得肯定的内容，从前面我们引述的纪晓岚的《四库全书总目》中的相关评论可以看到，本书中"收多诡怪不经之谈、荒渺无稽之物"，这些是本书中的糟粕，而且本书还有不少道、释两家唯心主义思想以及封建统治阶级的烙印。所以，在阅读这本奇书时，我们要批判地接受书中的内容。

李商隐的无题诗

晚唐诗人李商隐以写无题诗而名传千古。他的"相见时难别亦难,东风无力百花残"、"锦瑟无端五十弦,一弦一柱思华年"等诗句,不知使多少人吟得泪流满面或叹息连连。在咏史诗、咏物诗领域,李商隐是在前人的基础上求得突破和超越的,但是在无题诗这一领域,李商隐却可以说是开山鼻祖。

李商隐(813年—858年),字义山,号玉溪生、樊南生(樊南子),祖籍怀州河内(今河南省沁阳市),生于河南荥阳。李商隐生活在唐朝由衰落走向灭亡的时代。当时藩镇割据,宦官专权,朋党纷争,外敌侵扰,唐王朝的统治岌岌可危。李商隐的一生正处在"山雨欲来风满楼"的时代,晚唐诗歌在前辈的光芒照耀下有着大不如前的趋势,而李商隐却将唐诗推向了又一个高峰,他用诗歌为这个时代唱出了挽歌,成为晚唐杰出的诗人。李商隐与杜牧齐名,两人并称"小李杜",又与李贺、李白合称"三李"。

李商隐像

在唐代诗人中,李商隐可以说是一位遭遇坎坷、身世极为落寞凄凉的诗人。他九岁时,父亲李嗣去世,家境变得极为艰难,他在家随堂叔学习。李商隐二十五岁时中进士,但此后却由于党争的原因,一生处于牛李两党斗争的夹缝中,在为人做幕僚的生活中度过了坎坷的大半生,四十六岁时郁郁而终。因此,李商隐的诗歌在一定程度上反映了晚唐时代人民生活极端贫困、政权内部矛盾重重、危机四伏的现实状况，而诗人对自己身世的讴吟，则深刻表现出中下层士子的苦闷和悲愤，从而使人们感到一种江河日下、黄昏渐近的时代气氛。

　　李商隐虽然长期做幕僚，以写骈文为主，但他的文学成就主要表现在诗歌创作方面。李商隐的诗歌主要有社会政治诗、咏怀咏史诗、无题诗。这里我们主要讲李商隐独特的艺术成就——无题诗。

　　李商隐写了不少无题诗，这类诗或标为《无题》，或取篇中两字为题。李商隐的无题诗中除一部分主题比较显豁，大部分内容复杂，主题深邃，引起了人们的争论。有些人认为他的无题诗主要是写爱情的，因为李商隐以《无题》为代表的诗歌中，总是表现出一种扑朔迷离而又精致婉转的感情，可以看做是一种丰富的爱情体验的表达。但是很多研究者也认为李商隐的无题诗有政治主题、人生难题、仙道主题等。

　　李商隐的无题诗多以爱情为主题，这些无题诗中交织着爱情的希望、失望、绝望等复杂心情，反映了失意、幽怨、感伤、幻灭等带有悲剧性的情感内容。因此，李商隐的无题诗大多隐约、朦胧，表现含蓄、委婉，因此具有模糊性和不确定性。下面两首是李商隐无题诗的代表作，从中可以看出其主要特色。

　　　　　　无题
　　　　昨夜星辰昨夜风，画楼西畔桂堂东。
　　　　身无彩凤双飞翼，心有灵犀一点通。
　　　　隔座送钩春酒暖，分曹射覆蜡灯红。
　　　　嗟余听鼓应官去，走马兰台类转蓬。

　　这首诗所描述的是一段不期而遇的爱情，它发生在一个通宵达旦的宴席上。诗的首句中的"昨夜"二字连续出现两次，说明诗人是在回忆往事，而且诗人的记忆刻骨铭心。从"隔座送钩"和"分曹射覆"来看，那个女子是一个陪酒歌妓。而"星辰"和"风"，"画楼"与"桂堂"，则暗示了诗人在回忆他经历过的幸福场景，他和这位女子在一片嘈杂之中，共同享有一份温情。接着，诗人表现了对爱情的体验和理解，诗人以"身无彩凤双飞翼，心有灵犀一点通"来比喻二人虽然各在一方，但是心意却是相通的。然而，正当诗人沉浸于对昨夜良辰美景的回忆时，远处传来了阵阵鼓声，天要亮了，诗人又该上朝了。现实打破幻境，包含着诗人的无可奈何。诗人以"蓬"（一种很小很轻的草，随风四处飘转）自比，揭示了自己的人生境况。这个让人沉醉的温馨情境，就像已经逝去的星辰和风，只留下一种挥之不去的忧伤。

无题

相见时难别亦难，东风无力百花残。
春蚕到死丝方尽，蜡炬成灰泪始干。
晓镜但愁云鬓改，夜吟应觉月光寒。
蓬山此去无多路，青鸟殷勤为探看。

这首诗从头至尾都反映着痛苦、失望而又缠绵执著的感情状态，执著的爱情在濒于绝望中显示出了无比强烈的情感。"春蚕到死丝方尽，蜡炬成灰泪始干"两句已成为描写爱情的绝唱，它采用了比喻和双关的表现手法，"丝"即是"思"，蜡烛之泪即是相思之泪，此处的烛泪是把自己燃烧至死的决心，是一种缠绵至死的执著和一种无怨无悔的钟情。这种彻底的感伤和至死不渝的深情将爱情升华到了一种境界。后四句写出，虽是咫尺天涯的距离，但是两人的感情也是深刻而动人的。

李商隐的这些爱情诗，很典型地表现了封建时代士大夫们那种隐秘难言的爱情生活。他们一方面向往自由的爱情，一方面又被封建礼法束缚，有着重重顾虑。因此，诗中充满了矛盾、纠结、痛苦的感情。

除了这类很明显表达爱情的无题诗，李商隐还有一些诗歌的主题存在争议，例如像下面的这首《锦瑟》。

锦瑟

锦瑟无端五十弦，一弦一柱思华年。
庄生晓梦迷蝴蝶，望帝春心托杜鹃。
沧海月明珠有泪，蓝田日暖玉生烟。
此情可待成追忆，只是当时已惘然。

这首诗的题目为"锦瑟"，但是这首诗并非咏物诗，这是按古诗惯例，以篇首二字为题，实际上是借锦瑟以隐题的一首无题诗。对于这首诗的创作旨意，一直是众说纷纭。有人说这跟李商隐的其他无题诗一样，是写爱情的，也有人说它是李商隐借以寄托自己的政治抱负的，还有人认为这是一首悼亡诗。其实无可指实才正是李商隐的独特之处。

"锦瑟无端五十弦，一弦一柱思年华"一句，是诗人看着眼前锦瑟上的一弦一柱，就仿佛看到了自己过去的灿烂年华，可惜的是这些辉煌已成为过去。诗人以"锦瑟"喻美好年华，以"思"引发"无端"之问，点出自己对人生价值的深深思考。

"庄生晓梦迷蝴蝶，望帝春心托杜鹃"，写诗人在梦中也不忘对于人生价值的探索，"梦迷蝴蝶"由一个"晓"指明，使诗人从徘徊彷徨之意转化为富于幻想之境，是希望春光永驻，激励自己继续奋斗。

第三联中，明珠被赋予了哀伤的情愫，借此展现了诗人孤独失落的哀怨形象。最后两句，"此情可待成追忆，只是当时已惘然"，诗人追忆过去，尽管自己以一颗赤诚之心，付出巨大的努力去追求美好的人生理想，可如玉的岁月、如珠的年华已经逝去。面对抱负难展、盛年已逝、功业未建的现实，诗人深感忧伤怀疑，在苦难中追忆曾经的幸福。

从诗体上来看，无题诗有五言、小律、五律、七律、七绝等，诗歌形式多变。李商隐好像在进行试验，看哪种形式最适合他要表达的思想感情内涵。在其无题诗中，七律占了将近一半，由此可见，李商隐可能认为七律是最适合表达无题诗中的复杂情感的形式。

无题诗不仅形式多样，在语言表达方面也独具特色。诗歌语言华美，辞藻绚丽。李商隐特别注重创造优美的意境和警句新语，同时注重表现自己的内心世界，将内心的感伤情绪注入诗中，造成了诗歌深邃朦胧的意境，给读者一种欲说还休的感觉。要想了解李商隐的无题诗背后更多的深意，我们有必要将李商隐那些优秀的无题诗多读上几遍。

花间词派鼻祖温庭筠

花间词派是晚唐五代以词创作为主的一个文人词派。这一词派题材狭窄、情致单调，多数作品以婉约的表达手法，尽力描绘妇女的容貌、服饰、情态以及她们的离愁别恨。这些词中描绘景物富丽、意象繁多、构图华美、刻画工细，由于注重锤炼文字、音韵，从而形成隐约、迷离、幽深的意境。花间词风直接影响了北宋词坛，直到清代的常州词派。而对花间词派起到开山作用的，当属温庭筠。

温庭筠（812年—866年），原名岐，字飞卿，太原祁人（今山西省祁县），是晚唐著名的诗人、词人，也是当时作词最多，对后世长短句的发展影响极大的词人之一。

温庭筠出身于一个没落的官僚贵族家庭，到温庭筠父亲这一代时家道中落。温庭筠从小就非常聪颖，而且悟性很高，加上他刻苦好学，所以在很年轻时他便博闻强识、通晓音律、擅长管弦乐，而且非常擅长作诗词文赋。《旧唐书》本传中说他"能逐弦吹之音，为侧艳之词"。《北梦琐言》中说温庭筠"才思艳丽，工于小赋，每入试，押官韵作赋，凡八叉手而八韵成"。在我国古代，有一些文思敏捷者有数步成诗之说，而像温庭筠这样叉手一吟便成一韵，八叉手而成八韵者，却无第二人。所以时人也称温庭筠为"温八叉"，将他与李商隐并称"温李"。

温庭筠虽然善于作诗，和李商隐齐名，但是两人的人生轨迹却大不相同。李商隐科场得志，而温庭筠一生都没能得中进士。开成四年（839年），年近四十岁的温庭筠开始应举，未中，连省试也未能参加。温庭筠从四十岁考到五十五岁一直未能得中进士。也许是因为考了十几年都没上榜，温庭筠心存怨气便开始发泄，而他发泄的方式很另类——在考场上无偿"帮助"别人。就在他五十五岁参加他人生当中的最后一次应考时，他还"帮了八个人"。

唐代的科举考试非常严格，考生入场前都要脱得精光，检查是否夹带了资料。考试时，考生的座位之间还要设隔离物，防止考生交头接耳。可是就在考风这样严厉的考场，温庭筠还能从容地"帮助别人"。

唐宣宗大中九年（855年），温庭筠参加省考，当时担任主考的是礼部侍郎沈询。沈询早就听说了温庭筠当"枪手"的名声，于是沈询下令将温庭筠的座位挪到自己面前，并与其他的考生隔出一段距离。在考试过程中，沈询只见温庭筠埋头作答，也没有异常举动，而且在考试时间还没过一半的时候，温庭筠就交卷了。沈询暗自得意没有让温庭筠得逞，可是刚走出考场，温庭筠就得意地说，这次考试我又救了八个人。原来，这次考试漏了题，温庭筠在考前就很有可能得到了原题。后来，沈询等一批官员都因为监考不力被降级。

温庭筠不光给平民考生当"枪手"，他还给当时的在朝高官们当"枪手"。当时的国相令狐绹见唐宣宗喜欢曲词"菩萨蛮"，为了拍皇帝马屁，便让温庭筠替自己代写一篇，并叮嘱温庭筠不要声张。温庭筠帮令狐绹写完"菩萨蛮"后，转身就带着夸耀的口气告诉了别人，令狐绹听闻后很不高兴，温庭筠因此和令狐绹结下了梁子。加上温庭筠还得罪了很多考官，所以他不仅屡试不中，还落下了品行坏的骂名。温庭筠替令狐绹所作的《菩萨蛮》无从查考，我们今天见到的，有收入《花间集》的十四首，《尊前集》所载一首，共十五首《菩萨蛮》，现摘取其中一首来感受温庭筠的词风。

菩萨蛮·小山重叠金明灭

小山重叠金明灭，鬓云欲度香腮雪。懒起画蛾眉，弄妆梳洗迟。照花前后镜，花面交相映。新帖绣罗襦，双双金鹧鸪。

这首词描写的是一个独处闺中的美人早晨起床的情景，从美人起床梳妆到穿衣的一系列动态中，可以看出她的处境及孤独苦闷的心情。前两句用一个特写镜头写美人房中的屏风，和美人起床时浓厚的鬓发几乎要掩盖了雪白的面颊；第三四句写美人起床上妆的情景，用"懒"、"迟"二字写出美人的情绪不佳。下阕头两句继续写美人"弄妆"的活动，写对镜簪花以及妆成后的美颜；最后两句写美人穿衣时，忽然低头看见衣服上的"双双金鹧鸪"，这才点明了美人起床之后慵懒情绪的根源，原来连"金鹧鸪"都是成双成对的，而唯有美人自己是孤独寂寞的。

同这首词一样，《望江南》是温庭筠另一首写女子早晨起床的情景，整首词仅仅用了二十七个字，就表现了一位因心上人远行而独处深闺的女子，从希望到失望以致最后"肠断"的感情。

望江南

梳洗罢，独倚望江楼。过尽千帆皆不是，斜晖脉脉水悠悠。肠断白苹洲。

跟《菩萨蛮》中的女子不一样，《望江南》中的这位女子起床后并无"懒"、"迟"的情绪。仅仅是平淡的"梳洗罢"三个字，就留给了读者想象的空间，把女主人公平日的相思之苦与现在等待团聚的兴奋之情有力地表现出来了。

词中女子因为思念夫君，期待着夫君归来，所以起床后的动作肯定比较迅速，行动和情绪中带着喜悦和激动。而且，唐朝女子的发饰是很有讲究的。年幼时梳发髻，成年后改梳发鬟，出嫁时将发鬟改为发髻，再戴上金、银、花钿、珠宝翡翠等首饰，打扮得十分富贵艳丽。词中的女子为了迎接久别的夫君归来，发饰肯定不会马虎。在平常和夫君分离的日子里，她可能"懒起画娥眉，弄妆梳洗迟"，因为打扮了也没人欣赏。可是在这种马上要和夫君相见的时刻，我们能想象出这个女子着意打扮自己的激动和兴奋之情了。

梳洗装扮好后，女子"独倚望江楼"，看着夫君归来的方向。此时，一幅广阔多彩的画面呈现在读者面前，画面上的盛装女子和美丽的江景融合在一起，有了人物感情变化和江水流动的交融。

女子"独倚望江楼"，在焦急地等待，可是"过尽千帆皆不是"，驶来的船上却没有自己期待的夫君，女子的感情出现大的转折，直到夕阳落下，船尽江空，女子肝肠寸断——"肠断白苹洲"。白苹洲泛指相会送别场景，加上古时候有男女采苹花相送的风俗，因此，词中的思妇触景生情，心中更加惆怅。

跟《望江南》一样写思妇的离愁别恨的词还有很多，而这首《梦江南》

写的是一个思念夫君的妇女在夜晚孤独落寞的情绪。

梦江南

千万恨，恨极在天涯。山月不知心里事，水风空落眼前花，摇曳碧云斜。

这首《梦江南》中，一个孤独落寞的妇女深夜了还睡不着，望着月亮思念着远方的夫君。《梦江南》不像《望江南》一样，有从希望到失望到绝望的情绪波动，此词首句直出"恨"字，"千万"直贯下句"极"字，满腔怨恨喷薄而出。"山月"三句写景，旨在突出思妇面对无情的山月、水风、落花、碧云，无法排解"心里事"、"千万恨"，表现了思妇内心的悲戚和哀伤。

两首词以不同场景塑造同一类人物，都是写离愁别恨，虽然情境有不同，但是都写得朴素自然，明丽清新，没有刻意雕琢词句，却能写出思妇的凄婉哀伤，都是长于质朴凝练的绝妙好词。

这几首词属于温庭筠的宫怨、闺怨一类的词，这类词的表达一般浓丽细腻、绵密隐约。除了这类词，温庭筠还有通俗明快、感情直率、带有民歌情调的词，例如《南歌子》、《荷叶怀》；也有清新疏朗、意境悠远的词，例如《杨柳枝》、《梦江南》。温庭筠的词中往往有斑斓色彩、绚丽图案、精致装潢，词中往往用华丽的辞藻描写女子的容貌，以及以女子为中心的各种装饰摆设；词中的意象往往很跳跃，给读者留下了大量的想象空间，让读者从这些意象中感觉到词中人物的情绪。

除了词作，温庭筠在诗歌和小说方面也有很大的成就。虽然温庭筠考了那么多年"公务员"也没被官场接纳，而且官员们还极力打压他，但是这并没有压制住温庭筠满腹的才华。他诗词兼工，辞藻华丽，成为花间词派的重要人物，还被称为花间鼻祖，这足以让他名垂千古，而且他这些赞誉也是实至名归。

鱼玄机成为豪放女的心路历程

　　生活在晚唐的鱼玄机是个才华横溢的女冠诗人。女冠诗人是唐代女性文学中的一股重要力量，而鱼玄机和我们前面讲过的李冶，都是这股力量中的重量级人物。鱼玄机的才华让人敬佩不已，她所经历的苦难也让人唏嘘不已，但是对她的评价，大家却各有看法。喜欢她的人说她性格豪爽，不喜欢她的人认为她过于开放，甚至堕落。那么，这个在历史上留下众多优秀作品的才女，她究竟是怎样一个人呢？

　　鱼玄机（约844年—868年），原名鱼幼薇，字蕙兰，出身于一般平民家庭，姿色倾国，天资聪颖，才思敏捷，好读书，擅作文。鱼幼薇的父亲一生饱读诗书，但是一直功名未成，于是便将希望都寄托在自己的独生女儿幼薇身上，从小便严格调教她。鱼幼薇天资聪颖，加上父亲的严格调教，她五岁便能背诵数百首著名诗篇，七岁就开始学习作诗，十一二岁时，诗名已经在长安文人间流传开来，人称"诗童"。这时，鱼幼薇生命中的第一个重要男人出现了，他就是当时长安著名的诗人、词人温庭筠。

　　鱼幼薇的诗名传到了温庭筠的耳朵里，温庭筠慕名前去探访鱼幼薇。鱼幼薇的家位于平康里附近，平康里是当时的娼妓聚集之地。这时，鱼幼薇的父亲已经去世，鱼家母女住在一个破旧的小院里，靠给附近的妓女们做些针线活和洗衣服的活来勉强维持生活。温庭筠七拐八拐，终于来到了鱼幼薇家破旧的小院，见到了这位女诗童。此时的鱼幼薇虽然才十二岁，穿得也很破旧，但是仍然掩不住她小美人的风韵。

　　温庭筠说明了自己的来意，并请鱼幼薇即兴作诗一首，想试探一下她的诗名是否名副其实。鱼幼薇请温庭筠入座后，落落大方地请温庭筠出题。

温庭筠想起自己刚才在来的路上见到的柳絮纷飞的场景，于是写下了"江边柳"三字为题。鱼幼薇略作思考，一会儿便飞快地在纸上写下一首诗，递给了温庭筠。

赋得江边柳

翠色连荒岸，烟姿入远楼。

影铺秋水面，花落钓人头。

根老藏鱼窟，枝底系客舟。

萧萧风雨夜，惊梦复添愁。

温庭筠读过诗后大为惊叹，这首诗不论是遣词音韵，还是意境诗情，都非常有水平，而这首诗竟是一个十二岁的小姑娘的即兴之作，实在不能不让人佩服。看着这个美貌如玉、才华横溢的小姑娘处在这样一个穷困的环境之中，温庭筠不免心生爱怜。后来，温庭筠便经常帮助鱼家母女，还免费当鱼幼薇的老师，指点她的诗作。

温庭筠虽然对鱼幼薇十分怜爱，但一直把感情控制在师生的界限内。而情窦初开的鱼幼薇，生命中出现了这么一个既像父亲，又像朋友，又像恋人的男人，自然对这个男人产生了深厚的感情。她不管温老师和自己年龄悬殊，偷偷爱上了自己的老师。后来，温庭筠离开长安，去了襄阳任刺史徐简的幕僚，鱼幼薇思念远方的老师，第一次借由下面这首《遥寄飞卿》（飞卿是温庭筠的字）吐露相思之情。

遥寄飞卿

阶砌乱蛩鸣，庭柯烟露清。

月中邻乐响，楼上远山明。

枕簟凉风著，瑶琴寄恨生。

稽君懒书礼，底物慰秋情。

后来，不见温庭筠的回音，鱼幼薇思念之情难以自抑，又在一个寒冬的夜晚，写了一首《冬夜寄温飞卿》来表达自己的思念之情。

冬夜寄温飞卿

苦思搜诗灯下吟，不眠长夜怕寒衾。

满庭木叶愁风起，透幌纱窗惜月沈。

疏散未闲终遂愿，盛衰空见本来心。

幽栖莫定梧桐处，暮雀啾啾空绕林。

面对自己这个貌美如花的学生写出的如泣如诉的少女情怀，温庭筠深知鱼幼薇对自己的心思。也许是碍于神圣的师生关系，也可能是自己年过半百而且相貌丑陋等原因让温庭筠很自卑，他一直没有回应鱼幼薇的一片痴情。

两年多后，温庭筠回到长安，此时的鱼幼薇已经长成了一个亭亭玉立的妙龄少女，但温庭筠始终不跨越师生这个界限，和鱼幼薇保持着亦师亦友的关系。某一天，温庭筠和鱼幼薇两人到城南风光秀丽的崇贞观中游览，碰上了一群意气风发的新科进士在观壁上题诗留名，鱼幼薇恨自己是女儿身，空有满腹才华，却无法参加科举考试，求取功名，她十分羡慕这些春风满面的新科进士们。于是，鱼幼薇满怀感慨地偷偷在墙上写下了一首气势雄浑的七绝，而这首七绝成了她和她的第二个男人之间的一根红线。

游崇真观南楼睹新及第题名处

云峰满月放春晴，历历银钩指下生。

自恨罗衣掩诗句，举头空羡榜中名。

几天后，来长安出任左补阙官职的贵公子李亿在游览崇贞观时，无意间看到了鱼幼薇留在墙上的这首七绝，十分仰慕鱼幼薇。温庭筠在襄阳任刺史徐简的幕僚时，曾经和李亿有过一些交往，于是李亿上任后便来拜访温庭筠。在温庭筠的书桌上，李亿看到了鱼幼薇的一首抒情六言诗，眼前一亮。

红桃处处春色，碧柳家家月明。

楼上新妆待夜，闺中独坐含情。

芙蓉花下鱼戏，带来天边雀声。

人世悲欢一梦，如何得作双成？

当得知这首诗的作者是自己曾经印象深刻的鱼幼薇时，李亿非常激动，而在一旁的温庭筠看出了李亿的心思。温庭筠看李亿年轻有为，二十二岁时已官至左补阙，将来肯定前途无量，鱼幼薇如果嫁给他，算是一个很好的归宿，于是温庭筠便做了"红娘"，暗中撮合鱼幼薇和李亿。

鱼幼薇和李亿一见钟情，不久，鱼幼薇便嫁给李亿做了他的小妾，两人住进了长安的富人区林亭的一栋别墅，度过了一段幸福快乐的时光。可是好景不长，李亿在江陵的原配夫人裴氏便三天两头寄信催李亿去接她来长安，

清代倪田所绘的《四红图》。此图塑造了四个不同时期的女子

李亿只好前去接裴氏。鱼幼薇自知身居小妾的位置，所以表现得也很通情达理。李亿走后，鱼幼薇便因为思念夫君，写了一首《江陵愁望寄子安》（子安是李亿的字）寄托相思之苦。

　　　　江陵愁望寄子安
　　枫叶千枝复万枝，江桥掩映暮帆迟。
　　忆君心似西江水，日夜东流无歇时。

裴氏来到长安后，鱼幼薇的好日子便结束了。裴氏三天两头就毒打鱼幼薇，而李亿碍于裴氏娘家是名门望族，也不敢拿裴氏怎么样。不久，裴氏逼着李亿将鱼幼薇赶出家门，李亿不敢正面反抗裴氏，便写休书休了鱼幼薇，两个人的婚姻仅仅维持了三个月便结束了。

李亿暗中将鱼幼薇送进了曲江的咸宜观，并承诺鱼幼薇，自己肯定会来接她。咸宜观观主为鱼幼薇取了"玄机"的道号，鱼幼薇年纪轻轻便成了一名孤伴青灯的道姑。

鱼玄机在咸宜观苦苦期盼着自己昔日的夫君李亿能来接她回去，期间写了不少寄托相思的诗歌。但是，三年过去了，鱼玄机却从长安来客那儿听到了一个残酷的消息——李亿早已带着裴氏出京，去扬州做官了。

这个消息似晴天霹雳，让鱼玄机痛不欲生。从痛苦中活过来的鱼玄机看破了红尘，写了一首《赠邻女》，表明她今后将一改往日洁身自好的态度，做一个享乐纵情的女子。

　　　　赠邻女
　　羞日遮罗袖，愁春懒起妆。
　　易求无价宝，难得有心郎。
　　枕上潜垂泪，花间暗断肠。
　　自能窥宋玉，何必恨王昌？

从此之后，鱼玄机收了几个贫家幼女做自己的弟子，伺候着自己。同时，鱼玄机在观外贴出了一副"鱼玄机诗文候教"的红纸告示。这个告示的广告作用非常强，没几天，自认有点才华的文人雅士、风流公子都纷纷来咸宜观拜访鱼玄机。

鱼玄机和这些男子们谈论诗文，饮酒谈心，遇到英俊中意的，便留宿观中，男女偷欢。当时，鱼玄机刚二十出头，既有少女的妩媚，又有成熟女性的风韵，再加上她的满腹才华，有无数男子拜倒在她的石榴裙下。从鱼玄机的一首《道怀诗》中，我们可以看出她当时的生活状态。

道怀诗

闲散身无事，风光且乐游。
断云江上月，解缆海中舟。
琴弄萧梁寺，诗吟庾亮楼。
丛篁堪作伴，片石好为筹。
燕雀徒为贵，金银志不求。
满怀春绿酒，对月夜琴幽。
绕砌皆清趣，抽簪映细流。
卧床书删遍，半醉起梳头。

鱼玄机不被家事所累，有充足的时间和良好的条件读书吟诗、游山玩水，又有一段段爱情的滋养，这为她创作诗词提供了有利的条件，使她留下了无数优秀的作品。鱼玄机虽然声称看破红尘，但是终是红尘之中一个可怜人，最后还是因为女人的嫉妒心，因为"妒杀侍女绿翘"断送了自己的性命，死时仅二十五岁。

诗词兼工的倾世皇妃花蕊夫人

她有着倾倒世人的容貌，也有着诗词兼工的才华，从小美丽聪颖，幼年就显露出诗词方面的才华，但是却做了一名歌妓。后来，她被父亲献给了后蜀皇帝孟昶，成了孟昶最宠爱的女人，她就是后蜀皇帝孟昶的费贵妃徐氏，也是五代十国时期的著名女诗人，留下了极具文学价值的百首《宫词》。也许大家更熟悉她的名号——花蕊夫人。

前蜀灭亡后，后唐庄宗让孟知祥任两川节度使，孟知祥处心积虑僭称帝号，但是没过多久就死了，之后孟昶继位。孟昶是个非常懂得享乐的人，他继位后便广征蜀地美女充实后宫，妃嫔之外另有十二等级，而这些妃嫔中，他最宠爱的，就是"花蕊夫人"费贵妃。历史上形容花蕊夫人的美貌时说："花不足以拟其色，蕊差堪状其容，冰肌玉骨清无汗，水殿风来暗香满。"由此可见，花蕊夫人仅凭她的美貌就俘获了皇帝的心。

但是，后宫佳丽三千，要得一时恩宠容易，要获得皇帝的专宠却难，花蕊夫人能得皇帝专宠，一是因为她美貌且懂得男人心，二是因为她擅长宫词，能跟精擅词翰的孟昶进行精神交流。

相传孟昶很怕暑热，于是会享乐的他便在摩河池上建筑水晶宫殿，作为他和花蕊夫人避暑的地方。这座水晶宫殿的三间大殿都用楠木为柱，沉香作栋，珊瑚嵌窗，碧玉为户，四周墙壁用的是数丈开阔的琉璃镶嵌，内外通明，而且宫中镶嵌着明月珠，夜间也光明透彻，四周更是青翠飘扬。

某日夜晚，孟昶又喝醉了，他抬头看看殿外的美景，回头看看身边的美景——花蕊夫人，很是沉醉。此时，花蕊夫人见此情境，便说："如此良夜，风景宜人，陛下精擅词翰，何不填一首词，以写这幽雅的景色呢？"孟昶说："卿若肯按谱而咏，朕当即刻填来！"花蕊夫人未做扭捏推让之态，而是落落大方地作了一首《玉楼春》。

玉楼春

冰肌玉骨清无汗，水殿风来暗香满。
绣帘一点月窥人，倚枕钗横云鬓乱。
起来琼户启无声，时见疏星渡河汉。
屈指西风几时来，只恐流年暗中换。

关于这首词，也有人认为是孟昶所作。但是因为这首词颇符合花蕊夫人的词风，描写的生活场景极为丰富，用词也比较浓艳，所以有很多人认为是花蕊夫人所作。清代学者曾对花蕊夫人的宫词大加赞赏，《宋诗钞》称其宫词"清新艳丽，足夺王建、张籍之席。盖外间摹写，自多泛没，终是看人富贵语，固不若内家本色，天然流丽也。"

花蕊夫人的宫词内容丰富，既有像《玉楼春》一样描写宫中亭台楼阁、池水画廊的；也有描绘宫廷宴饮和节庆的；还有描写宫人游乐闲逸的宫中生活的。例如花蕊宫词中有描写中秋节宫中欢庆场景的。

苑中排比宴秋宵，弦管挣摐各自调。
日晚阁门传圣旨，明朝尽放紫宸朝。
夜深饮散月初斜，无限宫嫔乱插花。
近侍婕妤先过水，遥闻隔岸唤船家。
宫娥小小艳红妆，唱得歌声绕画梁。
缘是太妃新进入，座前颁赐小罗箱。

五代时期，蜀国沿袭了唐代中秋赏月的传统，这首宫词就描写了中秋夜宫中欢庆的场面。皇宫到处张灯结彩，赏月宴饮，君臣、嫔妃齐聚宫中，一起欢度佳节。宫中丝竹管弦声，通宵宴乐，热闹非凡。皇帝还宣旨免了第二天的早朝，由此热闹的景象也可以看出王衍沉迷于宴乐声色、荒废朝政的情形。

前蜀皇帝荒废朝政，后蜀皇帝孟昶在这方面也没什么改进，也是个享乐主义者。孟昶的生活奢靡无度，整日不理朝政，宫中夜夜笙歌。好景不长，宋军兵临成都，孟昶的享乐生活到此结束，没进行什么反抗便投降了。

在离开蜀地被押送前往汴京的途中，花蕊夫人心中满是亡国的哀怨与激

明代唐寅所绘的《孟蜀宫妓图》，此图表露出官廷富贵的生活气息。作者借此图披露孟蜀后主的靡烂生活，有讽喻之意

宋太祖赵匡胤

愤，在驿站休息时，她在驿站的墙上写了半阕《采桑子》。

采桑子

初离蜀道心将碎，

离恨绵绵，春日如年，

马上时时闻杜鹃。

花蕊夫人刚写了半阕《采桑子》就被军骑催逼上路，无奈，她只得仓皇离去，后人猜测下半段更哀绝，也有人补了一些下阕，但是终归是狗尾续貂。

宋太祖赵匡胤久闻花蕊夫人有倾国倾城之貌，但赵匡胤以不好女色而闻名，怕直接召见花蕊夫人招人议论，于是便想了一个办法。赵匡胤重赏孟昶一家，恩及家眷侍从，这样他们必定进宫谢恩，这样便可一睹花蕊夫人芳容。果不其然，孟昶在接受赏赐后便携家眷入宫谢恩。

赵匡胤一见花蕊夫人的千娇百媚之态，果真一见倾心，都看呆了。过了半天，赵匡胤才回过神来，故作严肃地说："人说女色是亡国祸水，你依仗美貌，引诱孟昶沉迷享乐，穷奢极逸，败了国家，该当何罪？"

这要换了一般女子，听皇帝如此声色俱厉，一定会吓得哭着认罪，可花蕊夫人是见过大场面的人，绝非等闲之辈。她坦然地说道："君主掌握权力却不理朝政，却要加害于宫妃，这又是何道理呢？"

赵匡胤见花蕊夫人如此伶牙俐齿、毫无惧色，更加心生敬佩，于是他接着说："朕听说你才貌双全，不知道传闻是否属实，朕现在命你作诗一首！"花蕊夫人听罢，很快在纸上写下了著名的《述亡国诗》。

述亡国诗

君王城上竖降旗，妾在深宫哪得知。

十四万人齐解甲，更无一个是男儿。

这首诗表现了花蕊夫人对国破家亡的愤慨之情和对"十四万人"投降的

轻蔑之意。花蕊夫人没有直接表示出对灭亡自己国家的宋朝的憎恨，更多的是哀叹后蜀将帅无能，这足可以瞧见花蕊夫人的聪明。一个弱女子竟然有如此勇气和才气，这让赵匡胤深感震撼。加上赵匡胤当年以一条棍棒打遍十八座军州，因此非常能理解花蕊夫人的亡国之痛，因此更加深了对花蕊夫人的爱慕之情。

不久后，孟昶暴毙而亡。随后，赵匡胤便将花蕊夫人收入后宫，并封为贵妃，对她十分宠爱。

关于花蕊夫人的死因，历史上没有明确记载，最常见的一说是她成了宫廷斗争的牺牲品。据说宋太祖赵匡胤的弟弟赵光义也对花蕊夫人喜爱有加，但是苦于不能占有她，于是赵光义冠冕堂皇地以皇帝当以江山社稷为重为由，屡次劝说赵匡胤远离花蕊夫人。后来，在御花园射箭时，赵光义借机一箭射死了花蕊夫人。另一说认为花蕊夫人是被宋皇后毒死的，《宋宫十八朝演义》中隐晦地写道，花蕊夫人和宋皇后一起观赏菊花时还好好的，回到宫中就突然不省人事了，说明花蕊夫人很有可能是被毒死的。还有一说认为，花蕊夫人虽然很得宋太祖的宠爱，但是她心中一直思念前夫孟昶，还亲手画了一幅孟昶的人物肖像挂在宫中，她违心地生活在宋朝后宫，思念死去的前夫却又不敢言明，终日郁郁寡欢，不久便病逝了。

宋太祖之弟——宋太宗赵光义

醉翁欧阳修

在中学语文课本上，有一篇著名的《醉翁亭记》，很多人对这一要求背诵的名篇都不陌生，该文的作者在散文、政论文、诗作、词作各个领域都留有不少名作，苏轼评价其文时说："论大道似韩愈，论本似陆贽，记事似司马迁，诗赋似李白。"他，就是我国北宋著名的文学家、史学家、唐宋八大家之一的欧阳修。

欧阳修（1007年—1072年），字永叔，号醉翁，又号六一居士，吉安永丰（今属江西）人。欧阳修小时候是个苦命的孩子，他四岁时父亲就去世了，后来，小欧阳修只好跟随着叔父长大。虽然家境贫寒，但是欧阳修的母亲郑氏非常注重孩子的教育问题。没钱买纸笔，郑氏便用芦苇在沙地上教欧阳修写字画画。小欧阳修不光是个天资聪颖的孩子，学习还很勤奋刻苦，他常常借别人的书来抄读，还经常练习写诗作赋。后来，少年欧阳修写出了文笔老练的诗赋文章，他的叔父看到欧阳修的不俗成绩后非常高兴，他对郑氏说："嫂无以家贫子幼为念，此奇儿也！不唯起家以大吾门，他日必名重当世。"意思是说，"嫂嫂不用再为家境贫寒、儿子年幼而忧心了，欧阳修是个奇才，将来必定能振兴我们家族"。

欧阳修像

果不其然，宋仁宗天圣八年（1030年），欧阳修中进士，次年任西京（今洛阳）留守推官，与梅饶臣、尹洙结为至交，互相切磋诗文。欧阳修前期主张除积弊、行宽简、务农节用，与范仲淹等共谋革新。景祐三年（1036年），欧阳修时任馆阁校勘，范仲淹上章批评时政，被贬饶州。欧阳修为他辩护，被贬为夷陵（今湖北省宜昌市）县令。四年后，欧阳修又被召回京，官复原职。

庆历三年（1043年），欧阳修任右正言、知制诰。不久他便和范仲淹、韩琦、富弼等人一起推行"庆历新政"，提出改革吏治、军事、贡举法等主张。宋仁宗采纳了大部分意见，施行新政。但因为新政触犯了贵族官僚的利益，因而遭到了贵族官僚们的阻挠，范仲淹等人遭到排挤，这些贵族官僚攻击范仲淹、韩琦、欧阳修等人为"朋党"。此时，担任谏官的欧阳修向宋仁宗上了一篇奏章，叫《朋党论》：

臣闻朋党之说，自古有之，惟幸人君辨其君子小人而已。大凡君子与君子以同道为朋，小人与小人，以同利为朋，此自然之理也。

然臣谓小人无朋，惟君子则有之，其故何哉？小人所好者利禄也，所贪者货财也。当其同利之时，暂相党引以为朋者，伪也；及其见利而争先，或利尽而交疏，则反相贼害，虽其兄弟亲戚，不能相保。

北宋著名画家郭熙所绘的《关山春雪图》

故臣谓小人无朋，其暂为朋者，伪也。君子则不然，所守者道义，所行者忠信，所惜者名节。以之修身，则同道而相益；以之事国，则同心而共济；终始如一，此君子之朋也。故为人君者，但当退小人之伪朋，用君子之真朋，则天下治矣。

尧之时，小人共工、驩兜等四人为一朋，君子八元、八恺十六人为一朋。舜佐尧，退四凶小人之朋，而进元、恺君子之朋，尧之天下大治。……后汉献帝时，尽取天下名士囚禁之，目为党人。及黄巾贼起，汉室大乱，后方悔悟，尽解党人而释之，然已无救矣。唐之晚年，渐起朋党之论。及昭宗时，尽杀朝之名士，或投之黄河，曰："此辈清流，可投浊流。"而唐遂亡矣。

夫前世之主，能使人人异心不为朋，莫如纣；能禁绝善人为朋，莫如汉献帝；能诛戮清流之朋，莫如唐昭宗之世；然皆乱亡其国。更相称美推让而不自疑，莫如舜之二十二臣，舜亦不疑而皆用之，然而后世不诮舜为二十二人朋党所欺，而称舜为聪明之圣者，以能辨君子与小人也。周武之世，举其国之臣三千人共为一朋。自古为朋之多且大，莫如周。然周用此以兴者，善人虽多而不厌也。

嗟呼！兴亡治乱之迹，为人君者，可以鉴矣！

这篇政论文被评为是欧阳修最好的文章之一，也是古文运动中最好的文章之一。该文实践了欧阳修"事信、意新、理通、语工"的理论主张。文章起笔不凡，开头一句，作者就理直气壮地揭示了全文的主旨，对于小人用来陷害人的"朋党之说"毫不回避，而是明确地承认朋党的存在，进而揭示出"君子无党，小人有党"的观点。这让作者争取了主动，利用小人的观点来证明其观点的矛盾，文章也由此有了深刻的揭露作用和强大的批判力量，而排偶句式的穿插运用，又增加了文章议论的气势。

为了让自己的论点更有说服力，作者还列举了大量历史事实，通过正反例子的

范仲淹像

对比来说明问题:"尧之时,小人共工、驩兜等四人为一朋,君子八元、八恺十六人为一朋。舜佐尧,退四凶小人之朋,而进元、恺君子之朋,尧之天下大治。""后汉献帝时,尽取天下名士囚禁之,目为党人。"舜辅佐尧黜退四凶小人的朋党,而起用元、恺君子的朋党,因而尧的天下得到大治。而汉献帝将天下名士视为党人囚禁起来,后来终于灭亡。

接着,作者将前面的内容进行总结,并指出,如果禁止善良的人结成朋党,杀戮品性高尚、有声望的朋党,结果只能是让国家灭亡。只有像舜那样,辨清君子和小人,才能求得天下大治。

欧阳修的仗义执言也未能挽救范仲淹等人,反而使自己也被贬为滁州太守。虽然在滁州任职只有两年多,但是欧阳修对滁州产生了深厚的感情。欧阳修为滁州留下了许多建筑遗迹,也留下了一些不朽的诗文。例如,在欧阳修的诗文中,直接写滁州的就有著名的《丰乐亭记》、《醉翁亭记》、《菱溪石记》等,还有大量的诗篇及短文。此外,据不完全统计,欧阳修流传后世的描写琅琊山自然景色及名胜景点的诗就有三十多首,如《永阳大雪》、《题滁州醉翁亭》、《琅琊山六题》等。这些都是滁州人民乃至全国人民的文化财富。在这些代表作中,《醉翁亭记》尤其值得一提。

欧阳修作《醉翁亭记》时,他刚被贬到滁州做太守不久。欧阳修在滁州积极发展生产,使当地百姓过上了和平安定的生活,这让欧阳修感到非常欣慰。加上此地又有一片令人陶醉的山水,欧阳修可以边欣赏美景边写美文。但是,当时的北宋王朝奸邪当道,政治昏暗,像欧阳修和范仲淹一样有志改革图强的人纷纷受到打击,想到这些,欧阳修又觉得非常忧虑和痛苦。所以,欧阳修写《醉翁亭记》时,既有悲伤又有喜悦,感情很复杂。从下面节选的一段,可以看出欧阳修的复杂感情。

环滁皆山也。其西南诸峰,林壑尤美。望之蔚然而深秀者,琅琊也。山行六七里,渐闻水声潺潺而泻出于两峰之间者,酿泉也。峰回路转,有亭翼然临于泉上者,醉翁亭也。作亭者谁?山之僧智仙也。名之者谁?太守自谓也。太守与客来饮于此,饮少辄醉,而年又最高,故自号曰"醉翁"也。醉翁之意不在酒,在乎山水之间也。山水之乐,得之心而寓之酒也。

写《醉翁亭记》时,欧阳修正值四十岁的盛年,可是他却自称"醉翁",而且"饮少辄醉"、"颓然乎其间"等表现,都说明欧阳修虽然在描写醉翁亭美丽的自然风光,但是并未真正忘却烦恼,他是在借山水之乐来排遣谪居生活的苦闷,抒发着自己的政治理想,娱情山水以排解抑郁的复杂感情。

欧阳修留下了很多散文名篇,其散文说理畅达,抒情委婉,语言流畅自然。除了《醉翁亭记》,《秋声赋》等名篇也被后人称颂。王安石评价欧阳修的散文风格时,说其散文"充于文章,见于议论,豪健俊伟,怪巧瑰琦。其积于中者,浩如江河之停蓄;其发于外者,烂如日星之光辉;其清音幽韵,凄如飘风急雨之骤至;其雄辞闳辩,快如轻车骏马之奔驰"。苏辙称赞其散文"雍容俯仰,不大声色,而文理自胜"。由此可见欧阳修的散文在历史上得到了极高的肯定。

除了政论文和散文,欧阳修还有不少词作也很出色,他现存的词作就有二百多首。他的词承袭了南唐遗风,多是一些表现男欢女爱、离别相思、歌舞宴乐之类的艳词。

欧阳修在我国文学史上有着重要的地位。他大力倡导诗文革新运动,改革了唐末到宋初的形式主义文风和诗风,取得了不俗的成绩。他的文论和创作实绩,对当时和后代的文学创作都有很大影响。

司马光呕心沥血编《通鉴》

《资治通鉴》，简称《通鉴》，是我国第一部编年体史书，在中国官修史书中占有重要的位置。所谓编年体史书，就是按照时间的先后顺序记载重大历史事件的史书。写成这部著名史书的，是我国北宋著名的文学家、历史学家，也是北宋最有名望的大臣司马光。

司马光于宋真宗天禧三年（1019年）生于一个官宦家庭。当时，司马光的父亲司马池正在担任光州光山县令，于是便给儿子取名"光"。根据史书记载，司马光从小就聪明好学，但他不喜欢佛老学说，而是对历史有着非常浓厚的兴趣，尤其喜欢《左传》，常"手不释书，至不知饥渴寒暑"。在很小的年纪，司马光就不仅能够熟练地背诵《左传》，而且能把两百多年的历史概况讲述得清清楚楚。《左传》对司马光的影响很大，他能写出《资治通鉴》，是和《左传》对他的影响分不开的。

史书中留下了很多司马光小时候的有趣故事，例如被后人传为佳话的"司马光砸缸"的故事，从这个故事中可以看出司马光从小就具备机智勇敢的品质。

众所周知，司马光以"诚信"闻名，而这一品质的养成，跟其父亲司马池从小对他的教育分不开。

司马池从小就教育司马光，做人要诚信。司马光五六岁的时候，某一日，他拿着几个青核桃要姐姐帮他去皮，因

司马光像

为他自己不会，但是姐姐尝试了几下也去不掉，就离开了。后来，一个婢女用热汤帮司马光将核桃皮去掉了。后来姐姐问司马光，是谁帮他去的核桃皮，司马光骗姐姐说是自己。父亲知道这件事后严厉地批评了司马光，后来司马光将这件小事写到纸上鞭策自己。司马光一生诚信，清代大学士陈宏谋说："司马光一生以至诚为主，以不欺为本。"后人对司马光盖棺定论，也是一个"诚"字。

司马光二十岁时考中了进士，开始担任奉礼郎、大理评事一类的小官，后经枢密副使庞籍的推荐，入京担任馆阁校勘、知同礼院、并州通判等职，后升迁起居舍人同知谏院。入仕后，司马光继续刻苦钻研历史。

后来，司马光发现，在当时已存的浩繁的历史著作中，缺少一部比较系统完整的通史，使人读了之后能了解几千年历史的兴衰得失。于是，他决定自己编撰一本。

后来，司马光花了两年时间，写了一部从战国到秦末的史书，名叫《通志》，共八卷，记述了从周威烈王二十三年（公元前403年）到秦二世三年（公元前207年）共一百九十五年的历史，主要写秦、楚、齐、燕、韩、赵、魏七国的盛衰兴亡，供皇帝参考。司马光将这八卷《通志》呈给宋英宗，英宗看了以后非常满意，立即下令设立一个书局作为编书机构，由司马光亲自挑选编写人员，辅助他编写这部通史。司马光邀请了当时著名的史学家刘班、刘恕、范祖禹等加入他的编写团队，共同编写这部通史，而且对几个人的分工做了比较明确的划分：刘班撰写两汉部分，刘恕撰写魏晋南北朝部分，范祖禹撰写隋唐五代部分，最后司马光来汇总，由其子司马康担任文字的校对工作。

《通志》开始编写的第二年，宋英宗去世，宋神宗继位。宋神宗看过《通志》八卷后，认为这本书可以帮助帝王了解历代王朝的治乱兴衰的经验，书中

宋英宗赵曙像

所载历史就像一面镜子，可以给今天的统治以借鉴，"鉴于往事，有资于治道"，所以，宋神宗将书名改为《资治通鉴》，还说要为这部书作序，这体现了封建帝王利用史学为政治服务的自觉意识增强。新帝的大力支持给了司马光的编写团队非常大的动力，更加促进了这部史书的编修工作。

这部书从宋英宗治平二年（1065年）开始编撰，到宋神宗元丰七年（1084年）编撰完成，前后历时十九年。为了编写这部书，司马光付出了他全部的精力和心血。据说，司马光为了编书常常废寝忘食，他每天修改的稿子有一丈多长，而且上边没有一个草字。夏天闷热难挨，司马光便请匠人在书房里挖了一个"地下室"，每天在这个"地下室"里工作。司马光对史料考核极其认真，追根寻源，反复推敲，不断修改。光是《资治通鉴》的初稿，就堆满了两间屋子。司马光在《进资治通鉴表》中说："臣今筋骨癯瘁，目视昏近，齿牙无几，神识衰耗，目前所谓旋踵而忘。臣之精力，尽于此书。"由此可见司马光为了这本书付出的心血。

编成后的《资治通鉴》是我国编年史中包含时间最长的一部巨著。它以时间为"纲"，以事件为"目"，纲举目张。全书共二百九十四卷，另附目录及考异各三十卷，共约三百多万字，包括了上起周威烈王二十三年（公元前403年），下迄后周显德六年（959年），前后共一千三百六十二年的历史。全书按朝代分为十六纪，即《周纪》五卷、《秦纪》三卷、《汉纪》六十卷、《魏纪》十卷、《晋纪》四十卷、《宋纪》十六卷、《齐纪》十卷、《梁纪》二十二卷、《陈纪》十卷、《隋纪》八卷、《唐纪》八十一卷、《后梁纪》六卷、《后唐纪》八卷、《后晋纪》六卷、《后汉纪》四卷、《后周纪》五卷。

《资治通鉴》的内容以政治、军事和民族关系为主，也包括经济、文化和历史人物评价，内容平实可靠，整部书通过对事关国家盛衰、民族兴亡的统治阶级政

宋神宗赵顼像

策的描述以警示后人。《资治通鉴》所搜集的材料十分丰富，据估计，《资治通鉴》所引之书多达三百多种。司马光和其他编者的写作态度极其严肃认真，一丝不苟。为了考辨历史事件的真伪，《资治通鉴》对同一历史事件往往参考三四种不同的材料。

司马光熟读《左传》，因此《资治通鉴》中也显示出了《左传》对其影响的痕迹。跟《左传》一样，《资治通鉴》也非常重视写战争。例如对战国时期的"马陵之战"、东汉末年的"官渡之战"、三国时期的"赤壁之战"、东晋的"淝水之战"等，都描写得非常详细生动，让人读来如历其境。

司马光从正史中节录了大量史料，但是并不是拿来就用，而是进行了合理的删改。《资治通鉴》没有太多生僻字，语言以简洁明了为主。例如《后汉书卷七十八宦者列传第六十八》写郑众时说："众独一心王室，不事豪党，帝亲信焉。及宪兄弟图作不轨，众遂首谋诛之，以功迁大长秋。策勋班赏，每辞多受少。由是常与议事。中官用权，自众始焉。"《资治通鉴》则改为："郑众，谨敏有心几，不事豪党，遂与众定议诛宪，以宪在外，虑其为乱，忍而未发；会宪与邓叠皆还京师……郑众迁大长秋。帝策勋班赏，众每辞多受少，帝由是贤之，常与之议论政事，宦官用权，自此始矣。"叙述更为详尽，语言更为简单易懂。

《资治通鉴》具有非常强烈的正统立场，如在三国时期，魏有"纪"，蜀、吴无"纪"；南北朝时期，南朝有"纪"，北朝无"纪"；五代有"纪"，而十国无"纪"。但是也因为立场问题，司马光在对古代历史人物和历史事件进行评论时，都是从维护统治阶级的根本利益出发的。所以，《资治通鉴》在叙述统治阶级内部权力之争的历史时，一般能尊重历史事实。而涉及农民反抗斗争时，就很难客观评述了。

即便如此，《资治通鉴》的价值仍然是很突出的。这部书系统完整地保存了我国古代的历史资料，对研究历史很有参考价值，是我国史学史上的一个里程碑。司马光也为这部里程碑式的巨作耗尽了心力，就在书成后两年，即1086年，司马光便病逝了，享年六十七岁，朝廷赠以"太师"、"温国公"等称号，派专员扶灵柩返回其原籍陕州夏县（今山西省夏县）安葬，谥"文正"。

如天地奇观的东坡词

2000年，法国《世界报》评选出了1001年到2000年间的十二位"千年英雄"，其中包括神圣罗马帝国、拜占庭帝国的皇帝和日本女官紫式部等文人，唯一入选的中国人，是我国北宋时期的大文豪和名臣苏轼。《世界报》用两整版的篇幅详细介绍一个中国人尚属首次，由此可见苏轼的巨大影响力。

苏轼（1037年—1101年），字子瞻，号东坡居士，眉州眉山（今四川省眉山市）人。苏轼与他的父亲苏洵、弟弟苏辙皆以文学成就闻名于世，世称"三苏"，与汉末"三曹父子"（曹操、曹丕、曹植）齐名。苏轼的散文、诗歌、词、书法等都非常出色，其散文与欧阳修并称"欧苏"；诗与黄庭坚并称"苏黄"；词与辛弃疾并称"苏辛"；书法名列"苏轼、黄庭坚、米芾、蔡京"北宋四大书法家之一。

唐朝五代时期，词的创作已经很成熟，到了宋代，词的创作达到高峰，宋词有着独特的时代特色，而要说开创宋词新局面谁的功劳最大，那当属苏轼。

在苏轼提出革新词风的观点之前，诗词的总体特征是"诗庄词媚"，即诗歌庄严，词婉媚。诗歌多表达政治主题，以国家兴亡、民生疾苦、胸怀抱负、宦海沉浮为主，词多写男欢女爱、离愁别恨，因此词的语言相对于诗显得更精美典雅、轻灵细巧、纤柔香艳。人们的脑海中一直有着根深蒂固的诗尊词卑的观念。

苏轼打破了词为"艳科"的藩篱，将"以诗为词"的写作手法作为自己变革词风的主要利器，对词体进行了全面改革，从而提高了词的文学地位和艺术品位。他把诗歌所能表现的题材和主题都放到词中来表现，使词走出樽前檀板、深闺小楼，不再单是音乐的附属品，而是进入了社会民生的广阔天

清代余集所绘《苏文忠公笠屐图》

地中，极大地扩展了词的表现功能，使词上升为一种与诗歌具有同等地位的抒情文体。

苏轼认为，词是无事不可写，无意不可入的，和诗一样可以表现社会生活和现实人生。他用自己的作品表现了他的革新思想，苏轼现存的词有三百四十多首，是北宋词史上首屈一指的高产作家。他扩大了词的题材，丰富了词的意境，对词的革新和发展作出了巨大贡献。刘辰翁在《辛稼轩词序》中说："词至东坡，倾荡磊落，如诗，如文，如天地奇观。"

苏轼的这些创新词作中，非常有代表性的有《念奴娇·赤壁怀古》、《水调歌头·明月几时有》等，这些词作都是开创豪放词派的先驱作品。我们可以通过品读《念奴娇·赤壁怀古》来体验一下苏轼的豪放派词风。

念奴娇·赤壁怀古

大江东去，浪淘尽，千古风流人物。故垒西边，人道是，三国周郎赤壁。乱石穿空，惊涛拍岸，卷起千堆雪。江山如画，一时多少豪杰。

遥想公瑾当年，小乔初嫁了，雄姿英发。羽扇纶巾，谈笑间，樯橹灰飞烟灭。故国神游，多情应笑我，早生华发。人生如梦，一樽还酹江月。

明代画家张路所绘的《苏轼回翰林院图》，讲述了苏轼由于和王安石的矛盾，被朝廷贬谪，但不久又受重用，被皇上任命于翰林院的故事

这首词是元丰五年（1082年）七月苏轼谪居黄州时所作，是苏轼豪放派词作的代表作。词一开篇就从滚滚东流的长江着笔，随即用"浪淘尽"把大江与千古人物联系起来，江山、历史、人物一起涌出，以万古心胸引出怀古思绪，让读者感受到作者伫立长江岸边对景抒情的宏大气魄。接着，苏轼借景怀古，写了传说中的赤壁战场，通过描写高插云霄的陡峭山崖，汹涌澎湃的海浪等，将读者顿时带入一个惊心动魄的奇险境界，使人心胸为之开阔，精神为之振奋！

下片，苏轼在众多的英雄人物中选择了智破强敌的周瑜，集中塑造了青年将领周瑜的形象。苏轼在尊重历史事实的基础上，从几个不同的方面把周瑜的形象刻画得栩栩如生。通过"雄姿英发，羽扇纶巾"一句，我们仿佛可以看见周瑜装束儒雅、风度翩翩的形象，和他对这次战争胸有成竹的自信。"谈笑间，樯橹灰飞烟灭"，抓住了火攻水战的特点，集中概括了这次战争的胜利过程。词中只用"灰飞烟灭"四字，就将曹军的惨败情景展现在读者面前，也将这位才智不凡的年轻将军不可阻挡的英雄气势淋漓尽致地展现了出来。

苏轼将周瑜的英雄形象塑造得如此成功，使得整首词充满了不可阻挡的豪迈气派。但是，词中也有一些感伤的色彩渗透其中。苏轼写这首词时已经四十七岁了，但他不但功业未成，反而被贬到黄州，遥想三十岁就功成名就的周瑜，必然会激起苏轼豪迈奋发的感情，但回到现实中，则只能加深他的内心苦闷和思想矛盾。所以，最后一句，苏轼从怀古归到伤己，自叹

"人生如梦"，只能借酒消愁了。当然，整首词的风格还是豪放的，篇末的感伤色彩掩盖不了这首词凌厉的气象境界。这首《念奴娇·赤壁怀古》历来被看做是苏轼豪放词的代表作，也是宋词中的少有之作。立足点如此之高，写历史人物又如此精妙，不但词坛罕见，在诗界也是不可多得的。

苏轼的词，不论内容和形式，都不拘一格。他的词内容非常复杂，常常将其政治生涯和人生遭遇糅合在一起，反映出广阔的生活内容和丰富多彩的知识，例如其著名的词作有抒写乡情的《卜算子》，也有感慨身世的《南歌子》，还有探讨人生哲理的《水调歌头·明月几时有》等。《水调歌头·明月几时有》中，作者咏月而怀念故人，抒发了作者对人生的感慨和对其弟苏辙的思念。虽然写这首词时，苏轼正在外流放，政治失意，理想不能实现，才能不得施展，心中非常苦闷和不满，但是词中贯穿始终的，还是苏轼热爱生活与积极向上的乐观精神，这也反映了他乐观超脱的人生态度。

苏轼一生仕途坎坷，颠沛流离，昨日还是五马使者，今天却成了乌台中的罪人，明日又被流放异乡。但是苏轼却乐观、从容、洒脱地走完了自己艰难的一生，不因经历坎坷就怨天尤人。林语堂说："苏东坡是一个无可救药的乐天派、一个伟大的人道主义者……苏东坡比中国其他的诗人更具有多面性天才的丰富感、变化感和幽默感，智能优异，心灵却像天真的

清代王素所绘《朝云小像》，据作者自题，朝云是苏东坡在惠州时结识的一个才艺出众的歌女

小孩——这种混合等于耶稣所谓蛇的智慧加上鸽子的温文。"苏轼感动我们的，不光是他无数优秀的作品，还有他豁达超脱的人生态度。

《水调歌头·明月几时有》中，苏轼从琼楼玉宇、高处不胜寒的幻想中转向对现实人生的观照，此时他正被流放在外，远离亲人，经受着生活中的种种苦难，但是这种种苦难仍难掩他对生活的热爱。苏轼之所以有如此宽阔的胸襟和豁达的态度，一个重要原因是他汲取了儒释道三家思想的积极因素。他尊崇儒家的入世和有为思想，因此他热爱自己的生活和人生；他认同佛家的静达圆通，这启迪他走向圆融和通达；他认同道家的无为和庄子的齐物论，因此他能淡泊名利，在逆境中从容自如。最后，让我们通过诵读《水调歌头·明月几时有》，再来感受一下苏轼这个乐天派的人生态度吧！

水调歌头·明月几时有

明月几时有，把酒问青天。不知天上宫阙，今夕是何年？我欲乘风归去，又恐琼楼玉宇，高处不胜寒。起舞弄清影，何似在人间！

转朱阁，低绮户，照无眠。不应有恨，何事长向别时圆？人有悲欢离合，月有阴晴圆缺，此事古难全。但愿人长久，千里共婵娟。

中国历史上最著名的女词人李清照

宋朝时期，我国词坛出现了一位易安居士，她堪称我国文学史上第一才女。她的词风清丽委婉，异常典雅，在作词时善于使用白描手法，形成了属于自己的一套风格——易安体，她就是宋朝一代才女李清照。在诗歌方面，李清照的作品留存不多，但是，她的诗却与词风格迥异，处处流露着慷慨激昂之气，风格的转变令人叹为观止，同时也让世人对这位伟大才女充满了钦佩之情。

李清照（1084年—1155年），山东省济南章丘人，号易安居士，我国宋代著名的婉约派代表人物。李清照出身于书香门第，家中丰富的藏书使李清照自小就快乐地成长在书海中，这种家庭环境让她打下了良好的文学基础。李清照的人生可以分为两大时期，这两个时期的经历对她的词风影响很大。在人生的前期，李清照生活优裕，又嫁了赵明诚这样一位如意郎君，这让她觉得这个世界非常美好，生活异常幸福，因此，李清照在这个时期的作品里总是流露着悠闲快乐的感觉。而在她的人生的后期，她遭遇了丧夫之痛，再加上北宋灭亡，金兵肆虐，这让曾经无比幸福的李清照体验到了人生的艰难，所以在这一时期，她的作品中总是有一种悲凉感伤的情绪。

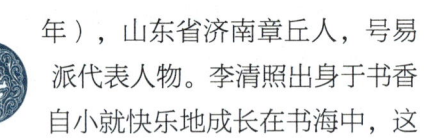

李清照爱书如命。有一年冬天，李清照冒雪到郊外"寻找"诗句的时候，遇见了一位老人，这位老人手中拿着一部她一直在寻找的珍贵书籍。看见这本书，李清照压抑不住内心的喜悦，主动上前向老人求购。老人见李清照是一位爱书之人，便决定将这部书以五十两银子的价格卖给她。但是，丈夫已经很久没有寄钱给李清照了，她此时囊中羞涩，可她又实在舍不得放弃这本书。于是，李清照将老人请到家中，希望老人能够在这里逗留几天，而自己则可以趁着这段时间凑钱买书。

为了这部书，李清照决定忍痛将父亲送给自己的"七星宝剑"拿去换钱，于是，她拿着宝剑向学武之人推荐。整整三天，李清照都没有将宝剑换成钱，这让她心急如焚。终于，就在李清照准备回家的时候，她遇见了一位对自己的宝剑很感兴趣的姑娘，可是，那位姑娘身上没有带钱，无奈之下，李清照允许她先将宝剑带回去，等第二天再将钱给自己送来。

可是，当李清照回到家中时，她却发现那位老人已经带着书离开了自己的家。没能买到书，又将父亲留给自己的宝剑卖了，这种打击让李清照失声痛哭。

第二天早晨，那位买走宝剑的姑娘来到了李清照的家中。让李清照高兴的是，姑娘手中并没有拿银子，而是拿着那部李清照失之交臂的书籍。原来，那位老人是这位姑娘的父亲，他在了解了事情的原委之后，主动让女儿将书给李清照送了过来。

整个买书的过程中，李清照表现出了一种对书籍狂热的爱。从这件事就可以知道，为什么李清照能取得巨大的文学成就，因为她对知识的索取几乎是不顾一切的态度。

十八岁的时候，李清照与有名的才子赵明诚结婚。婚后，

清代崔错所绘的《李清照像》

李清照和丈夫如胶似漆，过着幸福美好的生活。身为豪门媳妇，李清照衣食无忧，这时的她将整个身心都放在了文学艺术的深造和金石文字的收集研究上。她和赵明诚不但相亲相爱，而且在文学艺术上也互相帮助，在这种快乐的生活环境中，李清照的写作技法越来越成熟，文学素养也越来越高。有一年的重阳节，身在外地的赵明诚未能及时回来和妻子团聚，为了表达自己的思念之情，李清照作了一首《醉花阴》，寄给身在外地的丈夫。

醉花阴

薄雾浓云愁永昼，瑞脑销金兽。佳节又重阳，玉枕纱橱，半夜凉初透。东篱把酒黄昏后，有暗香盈袖。莫道不销魂，帘卷西风，人比黄花瘦。

重阳佳节，李清照却独守空闺，这天的夜晚分外冰凉，比起夫妻团聚时的温馨时刻，则完全不可同日而语。在家中闷了一天，李清照出来饮酒过

南宋画家陈清波所绘的《瑶台步月图》。此图描写了中秋仕女拜月的情景

节，但是，这并没有缓解她的愁绪，反倒让思念变得更加浓厚，最后三句将李清照内心的孤寂惆怅与对丈夫的思念之情表现得淋漓尽致，使人在不知不觉中沉浸到李清照的意境当中去了。

可惜好景不长，1127年，金兵攻破汴京，北宋灭亡，北方处在一片水深火热当中。在这种情况下，李清照只好跟随丈夫前往南方避难。从这时开始，过去的那些好日子彻底和李清照告别了。夫妻俩为了生存，甚至将多年搜集来的金石字画拿出来卖钱应付生活，这让李清照这位自幼生活娇贵的女子感慨万千。

南宋王朝建立之后，赵明诚被任命为建康知府。当李清照殷切地盼望着丈夫能为国立功的时候，赵明诚却让她深深地失望了。有一次，建康城发生叛乱，身为一方首辅的赵明诚竟然不思退敌，弃城逃跑了，逃跑时甚至忘记了他的妻子，这让李清照对赵明诚心灰意冷。于是，李清照在逃亡途中，行至乌江时写下了有名的《夏日绝句》。

夏日绝句

生当作人杰，死亦为鬼雄。

至今思项羽，不肯过江东。

李清照写下这首诗的时候，她心中充满了对赵明诚和南宋朝廷的鄙视。她在诗中借项羽不肯苟且偷生之事来讽刺赵明诚以及南宋朝廷的怯懦。这首诗，李清照写得铿锵有力，将自己身为女子却希望抗战、恢复河山的感情强烈地表达了出来。本诗借用西楚霸

清代王素所绘的《梧桐仕女图》，此图写李清照诗意

王项羽失败后不肯苟且偷生,于乌江自刎的历史故事来讽刺南宋小朝廷的投降逃跑主义,表示了希望抗战、恢复故土的思想感情。"生当作人杰,死亦为鬼雄"两句,尤其铿锵有力。

李清照的爱国情怀并不亚于任何一个须眉男子,她在南方的那些年里一直都深深地思念中原故乡。在她的作品中,思念北方故土的题材占了相当大的比重,比如《菩萨蛮》中的"故乡何处是,忘了除非醉";《永遇乐》中回忆"中州盛日"的京洛旧事;《转调满庭芳》中回忆当年的"胜赏"等都流露出对故乡的深深思念,想想过去在北方的美好生活,再想想今天的凄惨遭遇,这样鲜明的对比之下,李清照怎能不对故乡充满了眷念呢?看看她的《蝶恋花·永夜恹恹欢意少》,这种情思更是表现得十分突出。

蝶恋花·永夜恹恹欢意少

永夜恹恹欢意少,空梦长安,认取长安道。为报今年春色好,花光月影宜相照。随意杯盘虽草草,酒美梅酸,恰称人怀抱。醉里插花花莫笑,可怜春似人将老。

在这首词中,李清照借描写长安古城的旧景,表达了自己的南渡之恨和对北方失陷的哀思沉痛,借助美好春色表达了对当时局势的不满,借助春天将要过去,表达了她对国家前途没有信心,认为离亡国已经不远了。整首词内容丰富,情感强烈,写得十分委婉,将国破家亡之恨和对国家前途的惋惜融入了每个字当中。

从早期的幸福生活到后期的悲凉凄惨,李清照经历了人生的大起大落,这使得她的作品明显地分为两种风格,这两种风格将她在文坛的地位推到了顶峰,使她终成一代婉约大家。

有"小李白"之称的爱国诗人陆游

陆游和辛弃疾都是南宋文坛上的重要人物，在文学创作上都取得了重要的成就，他们的作品又有着类似的题材——爱国，而且两人的生活经历也十分相似，都胸怀大志但是报国无门。现在，就让我们走近这位有"小李白"之称的爱国诗人陆游。

陆游，字务观，号放翁，越州山阴（今浙江省绍兴市）人，于北宋宣和七年（1125年）生于一个世宦家庭，陆游的高祖是宋仁宗时的太傅陆轸，祖父曾任礼部侍郎、右丞等职，父亲陆宰也曾在徽宗、钦宗、高宗时在朝为官。陆家祖先都是靠艰苦好学才走上的仕途，这种家风对后来的陆游也有一定的影响。

陆游出生在一个兵荒马乱的年代，他出生的第二年，金兵就攻陷了北宋首都汴京，还在襁褓中的陆游还未懂事，便随着家人颠沛流离了九年。因此，陆游从小就憎恨金兵，加上从小就受家庭爱国思想的熏陶，陆游自幼便立志杀胡救国。

陆游从小就勤奋读书，写得一手好文章，经常得到老师和长辈的称赞。二十九岁时，陆游参加了科举考试，秦桧的孙子也参加了这次考试。在考试前，秦桧就暗示主考官，一定要让他的孙子拿第一，没想到这位主考官非常正直，还是以才取人，给了陆游第一名。对此，秦桧非常生气，一直耿耿于怀。第二年，陆游参加京城考试，他的文章又赢得了主考官的青睐，没想到秦桧以权压人，命令主考官取消陆游的考试资格，还对陆游一直怀恨在心，不让他参加朝廷工作。直到秦桧死后，陆游才走上仕途。后来，宋孝宗即位，因为赏识陆游的才华，宋孝宗赐陆游进士出身，后陆游历任枢密院编修官兼编类圣政所检讨官、通判、安抚使、参议官、知州等职。

因为陆游始终坚持抗金,所以在朝廷中不断受到当权的投降派的排斥和打击。陆游中年入蜀抗金,虽未能看到收复中原的胜利,但是这段军旅生活极大地丰富了他的作品内容,让他写出了《剑南诗稿》、《渭南文集》、《南唐书》、《老学庵笔记》等名著。晚年时,陆游退居家乡,但收复中原的信念始终不渝,他临死前还未能看到收复中原的那一天,因此写下了那首著名的绝笔,也是其遗嘱——《示儿》。

示儿

死去元知万事空,但悲不见九州同。

王师北定中原日,家祭无忘告乃翁。

这首诗虽然篇幅短小,分量却很重。在病榻上的弥留之际,陆游回首了

自己的一生，百感交集，环顾围在病榻前的家人，想说的话肯定也是千头万绪的，但是他却将"北定中原"作为自己生命中的最后意愿，以"家祭无忘告乃翁"作为对儿女的最后嘱咐，这说明他的爱国热情始终没有减退，收复中原的信念始终没有动摇，如此强烈和执著的爱国之情，是极其难能可贵的。在陆游的有生之年，他时刻都以收复中原为念，可是却不能实现这一愿望，这无疑会让他心情沉痛，可是他临死前仍然坚信会有"北定中原"的一天，因此诗中充满了寓壮怀于悲痛之中的情绪。读这首《示儿》时，我们会受到陆游对国家民族一往情深、九死不悔的爱国精神的强烈感染。

这首诗的语言直抒胸臆，不加雕饰，是非常朴素、平淡的语言，但是诗中所蕴含和积蓄的感情却是极其深厚强烈的，因此也能达到真切动人的艺术

北宋赵士雷所绘的《湘乡小景图》（局部）

效果。贺贻孙在《诗筏》中说《示儿》诗"率意直书,悲壮沉痛……可泣鬼神",的确如此,这篇真情流露之作,即使不用文字渲染,也能看得出其中真挚强烈的爱国热情。

陆游一生创作的诗歌很多,现存的就有近万首,可以说是最高产的诗人。他的诗歌大多都是抒发政治抱负,反映人民疾苦,批判当时统治集团的屈辱投降的内容,风格雄浑豪放,表现出了深切的渴望恢复国家统一的强烈爱国热情。除了前面我们说的《示儿》除外,《关山月》、《十一月四日风云大作》、《书愤》、《临安春雨初霁》等都是陆游很有代表性的爱国诗作。

关山月

和戎诏下十五年,将军不战空临边。
朱门沉沉按歌舞,厩马肥死弓断弦。
戍楼刁斗催落月,三十从军今白发。
笛里谁知壮士心,沙头空照征人骨。
中原干戈古亦闻,岂有逆胡传子孙!
遗民忍死望恢复,几处今宵垂泪痕。

这首诗较好地体现了陆游的爱国主义诗歌的基本内容和精神实质,可以说是其思想性和艺术性结合完美的一首诗。陆游写这首诗时已五十三岁,刚

南宋刘松年所绘的《中兴四将图》(局部),此图描绘了南宋爱国将领诸像

刚被加上宴饮颓放的莫须有罪名，被免去职务。他满怀报国热忱，但是却被当权派排挤，无处施展自己的报国之志，所以内心十分愤慨。在诗中，陆游痛斥了当权派坚持的投降政策带来的恶果，表达了对外族侵略者的仇视和对那些爱国志士和受苦人民的同情。

开头的前四句就指出了南宋统治集团一直坚持的投降政策，"和戎诏"是宋朝皇帝向金国侵略者求降的诏书，从下求降诏书到陆游写这首诗时，已经快十五年了。将军在边境不得作战——"将军不战空临边"，因为统治集团只顾享乐而不惜出卖国家利益。"朱门沉沉按歌舞"揭露了统治集团在国家民族危亡之际却自顾享乐的麻木不仁，写出了统治集团投降政策带来的惨痛现实——"厩马肥死弓断弦"，那些用来抗敌的战马慢慢肥死了，那些用来杀敌的弓箭因为长久不用而腐朽断掉了，而这种结果和前面的"将军不战空临边"的结果都是统治集团下"和戎诏"造成的。

中间四句写边防战士苦闷悲愤的心情，他们长年累月地驻守边境，不能与亲人团聚，他们迫切地希望能早日将敌人驱逐出境，国家统一，这样他们就可以和亲人团聚，就不用让自己的时光每天白白流逝，白白地从黑发人熬成了白发人——"三十从军今白发"。"笛里谁知壮士心"一句，从边防战士们悲凉的笛声中，我们可以听出他们不能以身报国的苦闷悲愤和他们思念故乡亲人的寂寞愁绪。但是无人能理解这些边防战士们的苦闷，只有那明月照着沙场上的尸骨——"沙头空照征人骨"。陆游是在抒写边疆战士们的苦闷和悲愤，同时也是在抒发自己悲痛难忍的激烈情绪，他和这些战士们一样，空怀报国壮志却无处表现爱国之心，只能看着自己的白发慢慢增多，国家统一之日一再推后。

最后四句从边防战士写到受苦受难的老百姓。老百姓们正经受着敌人的黑暗统治，支持他们活着的希望就是宋军北伐，收复失地，但是统治集团安于享乐，遗民们只好一次次空望着南方，伤心落泪——"遗民忍死望恢复，几处今宵垂泪痕"。虽然现实很残酷，但是陆游坚信，黑暗总会过去，敌人总有一天会被赶走，因为历来就没有将领土让给外族侵略者的说法——"中原干戈古亦闻，岂有逆胡传子孙"。

这首诗不仅有着深刻的爱国思想，而且抒情性强，语言精练自然、生动流畅，这也可以说是陆游的诗作在艺术上的共同特点。整首诗的风格沉郁悲凉、激越深刻，语言很平易自然，虽然没有剑拔弩张的句子，但在平静地抒写客观事实的时候，却更显出一种催人泪下、惊心动魄的力量。《关山月》是古乐府的旧题，本来是以边塞为题材，抒发边疆战士们的思乡之情的，陆游拓展了诗的内容，拔高了诗的思想境界，因此思想意义也更为深刻。借"关"、"山"、"月"等艺术形象，陆游从历史写到现实，把长期和戎不战的令人愤慨的局面进行了深刻的艺术概括，作者本人、驻守战士、受苦遗民的沉痛悲愤之情充溢于字里行间。由此可见，《关山月》是一首思想性和艺术性结合得非常完美的爱国诗。

这首诗只是陆游爱国诗作的一个缩影，他的许多诗篇都书写了其抗金杀敌的豪情和对敌人、卖国贼的仇恨，洋溢着强烈的爱国主义激情，是思想性和艺术性都成就卓越的作品。因此，陆游被尊为为南宋诗坛领袖当之无愧，他在中国文学史上有着无可替代的崇高地位。

忠君爱国的词人辛弃疾

苏轼开创出宋词的新局面，形成了一种豪放的风格，但是这种风格一直没有得到很好的继承和发展。直至南宋，张元干、张孝祥、叶梦得、朱敦儒等人写出了一些以抗金雪耻为主题的词，才较多地继承了苏轼的词风，起到一种承前启后的作用。但他们的这一类词作，主要是在特殊的时代背景因为内心的激情作出来的，并不是有意识的文学艺术追求，也没有探索精神，所以成就不是很高。后来，一个能征善战且笔力雄厚的民族英雄出现在了词坛上，他延续了苏词豪放派的风格，写出了一大批热情洋溢、慷慨悲壮的词作，他在继承苏词风格的同时也突破了苏词的范围，开拓了词更为广阔的天地。这个文武双全的英雄，就是南宋词人辛弃疾。

辛弃疾（1140年—1207年），字幼安，别号稼轩，历城（今山东省济南市）人，南宋著名的豪放派词人、爱国者、军事家和政治家。辛弃疾出生在一个兵荒马乱的年代，他出生时，中原已经被金兵占领。后来，二十一岁的辛弃疾参加了耿京领导的抗金起义军，任掌书记。在早年抗击金兵的战争中，辛弃疾认识到，单靠自己孤军作战是不行的，要想取得抗金战斗的全面胜利，必须依靠朝廷的力量。于是，辛弃疾力劝耿京归附朝廷，得到了耿京的认同。不久，辛弃疾等人回到南宋。宋高宗召见了辛弃疾，授予其承务郎的职务，转江阴签判，虽然官微

辛弃疾像

言轻，但是辛弃疾满怀信心地呈上了《美芹十论》与《九议》等奏疏，奏疏中具体分析了南北政治军事形势，提出加强实力、适时进兵、恢复中原、统一中国的大计，奏疏中显示出了其卓越的军事才能与爱国热忱，但可惜的是这些建议均未被采纳。后来，辛弃疾历任湖北、江西、湖南、福建、浙东安抚使等职，一生力主抗金。

辛弃疾现存的词有六百多首，是一个高产作家，他的词风继承了苏轼的豪放之风，内容上继承了南宋爱国诗人的战斗精神和爱国主义思想，并进一步扩大题材，无事、无意不可入词。他的词以豪放为主，又兼有沉郁悲壮、婉约含蓄、清丽飘逸的独特艺术风格。辛词或表达对北方沦陷的故土的怀念；或歌颂人民的抗金斗争；或抒发怀才不遇的悲愤；或揭露南宋统治集团苟且偷安的丑恶嘴脸，处处体现着爱国主义思想。

破阵子

醉里挑灯看剑，梦回吹角连营。八百里分麾下炙，五十弦翻塞外声，沙场秋点兵。

马作的卢飞快，弓如霹雳弦惊。了却君王天下事，赢得生前身后名。可怜白发生！

这是辛弃疾寄给一位爱国志士陈亮的一首词。陈亮是辛弃疾政治上、学术上的好友，他和辛弃疾一样，一生都坚持抗金的主张，但是一生不得志，五十多岁才状元及第，第二年就去世了。宋淳熙十五年（1189年），陈亮与辛弃疾曾经在江西鹅湖商量恢复大计，但是后来他们的计划全都落空了。这首词是他们这次约定见面前后的作品。

本篇以浪漫主义与现实主义的虚实结合方法来抒发壮志，抒写悲愤。辛弃疾将自己的爱国之心和忠君愤懑都熔铸在这篇慷慨悲壮、沉郁顿挫的词中。这首词写了抗金军队中的生活。整首词形象地描绘了抗金部队的壮盛军容和豪迈意气，道出了英雄的一片壮心，所以题为"壮词"。上片第一句，"醉里挑灯看剑"写作者念念不忘报国，虽然此时罢职闲居，但是还忧心国事，胸中抑郁难捱，只能借酒浇愁。酒醉时，词人还拨亮灯火，深情地看着自己心爱的宝剑。在这种迷离的醉态中，英雄酣然入梦，早晨醒来听见了军营雄壮的号声。接着写部队给养充足，官兵同甘共苦，一起分食烤牛肉，军乐队奏响雄壮的战歌，很是鼓舞斗志，渲染了军中的战斗气氛。

下片紧承上片，写战争的惊险场面，把激情推向高峰。"马作的卢飞快，弓如霹雳弦惊"是写骑着快如的卢的战马的英雄，手持弓箭，飞驰战场，英勇杀敌。"的卢"是指战马，相传三国刘备在荆州遇厄，的卢马载着他一跃三丈，越过檀溪，后来就用"的卢"形容善战的良马。"了却君王天下事，赢得生前身后名"两句写战争大获全胜时将军意气昂扬的神情，"天下事"指收复失地，统一祖国的大业。"生前身后名"表现了作者的爱国激情，表明生前死后都留下为祖国、民族建立不朽功勋的美名。这两句意味着词人看到大功告成，发出了愉快的欢呼声，使词的感情上升到最高点。

　　但是，最后一句"可怜白发生"却笔锋陡转，使感情从最高点一落千丈，表现了作者壮志难酬的无限感慨，抒发了作者报国有心、请缨无路的悲愤，使整首词都笼罩上了浓郁的悲凉色彩。

　　虽然辛弃疾报国有心，请缨无路，看到国家的形势十分忧心悲愤，但是他却一直有着深刻的忠君思想。他的忠君思想，一是表现在他对明君的渴望。在辛弃疾的怀古词中，他常常会借典缅怀大禹、孙权、刘裕等有志大一统的君王。例如，《生查子·题京口郡治尘表亭》一词中，辛弃疾用简练的几笔勾勒出他渴望能有大禹这样的明主来重整河山，救民于水火之中。

生查子·题京口郡治尘表亭

　　悠悠万世功，矻矻当年苦。鱼自入深渊，人自居平土。红日又西沉，白浪长东去。不是望金山，我自思量禹。

　　辛弃疾的忠君思想，还表现在他对君王的"宽容"态度上。辛弃疾因抗金事业一直上书，但是一直没有结果，但是他并未对君王有所怀疑，而是将这种结果归罪于投降派，这种思想从《太常引·建康中秋夜为吕叔潜赋》一词就可以看出。

太常引·建康中秋夜为吕叔潜赋

　　一轮秋影转金波，飞镜又重磨。把酒问姮娥：被白发欺人奈何？乘风好去，长空万里，直下看山河。斫去桂婆娑，人道是清光更多。

　　这首词中，辛弃疾借两则关于月亮的神话传说来表达自己的政治理想与阴暗的政治现实的矛盾。想到功业无成、白发已多，辛弃疾内心非常悲愤，

南宋赵伯驹所绘的《江山秋色图》

但是他认为这是因为"桂婆娑"挡住了光明，这里的"桂婆娑"指带给人民黑暗的南宋朝廷内外的投降势力和金人的势力。虽然怀才不遇，辛弃疾还是坚信君王，可谓忠心可鉴。

虽然辛弃疾和苏轼都属于豪放派，他们的词都是以境界开阔、感情豪爽著称，但是对两人的词风仔细研究会发现，两人的词还是各有千秋。苏轼的词显得更儒雅一些，他常在词中表现出哲理性的感悟，常以旷达的情怀来体验人生；而辛弃疾表现出来的，更多的是英雄的豪情与悲愤，他的词中透露着炙热的感情与崇高的理想。浓烈的感情和对理想的执著正是这位伟大的爱国志士的追求。两人在驾驭语言时，苏轼是"以诗为词"，辛弃疾是"以文为词"。而且辛词在语言风格和表现手法上也是独具一格。

辛弃疾创造性地将诗歌、散文、辞赋的优点融进词中，充分发挥了词的抒情、记事、议论等功能，丰富了词的表现手法和语言技巧，形成了其独特的语言风格。例如，《六州歌头》中，辛弃疾将有韵的词散文化，加以议论抒情，语言和笔法非常奇特。

六州歌头

晨来问疾，有鹤止庭隅。吾语汝。只三事，太愁予。病难扶。

手种青松树，碍梅坞。妨花迳，才数尺。如人立。却须锄。秋水堂前，曲沼明於镜，可烛眉须。被山头急雨，耕垄灌泥涂。谁使吾庐。映污渠。

叹青山好，檐外竹，遮欲尽，有还无。删竹去，吾乍可，食无鱼。爱扶疏。又欲为山计，千百虑，累吾躯。凡病此。吾过矣。子奚如。口不能言臆对，虽扁鹊、药石难除。有要言妙道，往问北山愚。庶有瘳乎。

这首词如果不加上词牌表明它是首词，人们可能会误认为它是一篇好散文。词中有叙述、有对话、有抒情，完全是散文的手法。把词散文化的同时，辛弃疾还在词中引经用典，这不仅能使词变得更大众化，而且产生了托古讽今的作用。例如《贺新郎》一词便是这种风格。

贺新郎

邑中园亭，仆皆为赋此词。一日，独坐亭云，水声山色，竞来相娱。意溪山欲援例者，遂作数语，庶几仿佛渊明思亲友之意云。

甚矣吾衰矣。怅平生、交游零落，只今馀几！白发空垂三千丈，一笑人间万事。问何物、能令公喜？我见青山多妩媚，料青山见我应如是。情与貌，略相似。

一尊搔首东窗里。想渊明《停云》诗就，此时风味。江左沉酣求名者，岂识浊醪妙理？回首叫、云飞风起。不恨古人吾不见，恨古人不见吾狂耳。知我者，二三子。

这首词中的"甚矣吾衰矣"一句出自《论语》，"白发空垂三千丈"则沿用了李白《秋浦歌》中的名句："白发三千丈，缘愁似个长。"下片中的"不恨古人吾不见，恨古人不见吾狂耳"两句，则化用了《南史张融传》中的句子。

辛弃疾的引用手法十分巧妙，没有生搬硬套的痕迹，但是，辛弃疾的词中这样的引用很多，因此也有人说他"掉书袋"，即讥讽他爱引用古书词句，卖弄自己的才学。

总之，辛弃疾的词是极具个性和思想性的，他拓展了词的题材，开拓了词的意境，用词来反应时代精神，表现了强烈的爱国思想和坚定的斗争精神，不光是在当时，就在后世，也是深具影响力的。

一代文宗元好问

金章宗泰和五年（1201年），一个年仅十六岁的年轻人在应试途中听了一位猎人讲了自己亲身经历一个真实的故事：天空飞着一对比翼双飞的大雁，突然，其中一只被射杀掉了下去，结果另一只大雁见状便一头栽了下来，殉情而死。这个年轻人听了这个感人的故事后，被大雁这种生死至情所震撼，于是便从猎人手中买下了这对大雁，并把它们合葬在汾水旁，还为它们建了一个小小的坟墓，叫"雁丘"。后来，这个年轻人写下了一首著名的词——《摸鱼儿·雁丘词》，感动了很多人。这个年轻人就是被尊为"北方文雄"、"一代文宗"的元好问。

摸鱼儿·雁丘词

问世间，情是何物，直教生死相许。天南地北双飞客，老翅几回寒暑。欢乐趣，别离苦，就中更有痴儿女。君应有语，渺万里层云，千山暮雪，只影向谁去？

横汾路，寂寞当年箫鼓，荒烟依旧平楚。招魂楚些何嗟及，山鬼暗啼风雨。天也妒，未信与，莺儿燕子俱黄土。千秋万古，为留待骚人，狂歌痛饮，来访雁丘处。

开头这句"问世间，情是何物，直教生死相许"千百年来被争相传诵，作者被大雁的生死至情所震撼，开篇便用一个问句先声夺人，将自己的震撼、感动、同情等复杂情绪转化为有力量的诘问，引人深思，为下文描写大雁的殉情蓄足了笔势，也使大雁殉情的内在意义得以升华。

"天南地北双飞客，老翅几回寒暑"描写了大雁双宿双飞的感人生活场景，"天南地北"、"几回寒暑"写大雁在秋天南下、冬天北归的过程中相依为命养成了深厚的感情;"欢乐趣,别离苦,就中更有痴儿女"是说大雁的生活既有相聚的欢乐,也有离别的愁绪,在这种平淡的生活中,它们产生了一种难以割舍的深情,这几句为下文描写大雁殉情进行了必要的铺垫。这里的"痴儿女"包含着词人的哀婉与同情,也使人联想到人世间许多真心相爱的痴情男女。

"君应有语,渺万里层云,千山暮雪,只影向谁去"是在描写大雁殉情前的细致的心理活动,"君"指的是殉情的大雁。这里揭示出了大雁殉情的真正原因:因为伴侣已经不在了,自己形单影只地活着也没有意思了,所以选择一同离开这个世界。

下片借助对历史的追忆与对眼前自然景物的描绘,渲染了大雁殉情的不朽意义,用一些典故反衬大雁的不朽真情。最后,"千秋万古,为留待骚人,狂歌痛饮,来访雁丘处"从正面对大雁进行称赞。作者展开丰富的想象,想着若干年以后,也会有像他一样"钟于情"的骚人墨客来寻访这小小的雁丘,来祭奠这一对至情至性的大雁爱侣的亡灵。"狂歌痛饮"生动地写

清代高凤翰所绘的《南天雁影图》(局部)

出了那些来祭奠的人的深刻感动之情。这段想象寄寓了作者对殉情者的深切哀思，延伸了全词的历史跨度，使大雁殉情的内在意义进一步得到升华。

这首词中，作者任自己的丰富想象力驰骋，运用比喻、拟人、烘托等艺术手法，对大雁殉情而死的故事进行细致描绘，谱写了一曲感人至深的爱情悲歌，寄人生哲理于情语之外，温婉蕴藉，寄托了词人纯真的爱情理想。

这首感人至深的词的作者元好问（1190年—1257年）是金代著名文学家、历史学家、诗人，他写这首词时，生活过得还是很无忧无虑的，所以他还在咏物抒情。元好问出身于一个世代书香的官宦人家，他的祖先原为北魏皇室鲜卑族拓跋氏。二十一岁前，元好问过的是公子哥的优越生活，主要的工作就是学习和享受生活。元好问从小就得到了良好的教育，曾师从翰林学士路铎、名儒郝天挺等人。元好问很早便显露出了文学才华，相传元好问八岁就因为作诗而获得"神童"的美誉。

二十二岁至三十五岁这一阶段可以说是元好问备尝人生艰辛的最艰难的一段时期。他多次参加科考但屡次遭受挫败，战争又使得他家破人亡，元好问和年迈的母亲从山西逃难到河南。这个艰难时期，元好问备尝了人间苦楚，但是他并未停止自己文学上的进步，也并未因此而自暴自弃，他和朝中名人权要赵秉文、杨云翼、雷渊、李晏等私交甚好，不仅在学问上得到了指点，诗文大为进步，而且也为自己以后的仕途之路编织了有用的人脉网络。

三十五岁时，元好问走上仕途，入选翰林院，之后的仕途之路十分坎坷，元好问经历了辞官回豫西登封家中、回到官场任尚书省令史、搬家汴京、遭遇蒙古军围城、汴京城破、被俘囚押等坎坷。

因为经历了金元兴替所带来的国破家亡、流离失所、被俘囚禁等痛苦煎熬，元好问的诗词风格渐趋沉郁，而且多伤时感事之作，擅长写"丧乱诗"。这些丧乱诗主要有两个特点：一是真实地反映了金朝被灭亡，人民生活在水深火热之中的社会现实，二是对丧乱的现实进行历史反思，并作出了一些历史评价，从而加深了其思想深度。如《岐阳三首》、《壬辰十二月车驾东狩后即事》等"丧乱诗"大多沉郁悲凉，可以跟杜甫的诗作相比较，堪称一代"诗史"。

岐阳三首（其二）

百二关河草不横，十年戎马暗秦京。

北宋崔白所绘的《双喜图》

岐阳西望无来信，陇水东流闻哭声。
野蔓有情萦战骨，残阳何意照空城！
从谁细向苍苍问，争遣蚩尤作五兵？

这首诗描写了凤翔城被蒙古军攻陷时城内的惨状——人民流离失所，处处听得见哭声；金兵横尸遍野；城内满眼萧条。这首诗表现了元好问对侵略战争的谴责和对侵略者的痛恨，语言平实但极具力量。

元好问的诗作最大的特点就是内容实在，感情真挚，语言优美且没有浮华之气。他的朋友徐世隆评价元好问的诗作时说："作为诗文，皆有法度可观，文体粹然为之一变。大较遗山诗祖李、杜，律切精深，而有豪放迈往之气；文宗韩、欧，正大明达，而无奇纤晦涩之语；乐府则清新顿挫，闲宛浏亮，体制最备。又能用俗为雅，变故作新，得前辈不传之妙，东坡、稼轩而下不论也。"

当然，元好问的文学成就绝不仅仅限于诗歌，他的词也堪称金代一朝之冠，可与两宋名家媲美。他的词主要分为三类：丧乱词、写景词、爱情词，也有少量送别、咏物、边塞词。元好问的词以苏轼、辛弃疾为典范，并吸取各家之长，因而兼有婉约、豪放的风格。元好问的散曲虽然传世的不多，但在当时来说还是有一定的影响力，也有倡导之功。

元好问无疑是名副其实的"多栖文人"，他不光有着优秀诗人、词人的身份，还是一个有良知的历史学家，对历史学有着不容忽视的贡献。元好问从政多年，有着强烈的忧国忧民的社会责任感，他亲眼目睹了金朝的衰亡和蒙古灭金的全过程，时刻关注着金国的命运和金国历史的保存。他私下编撰了一部金史——《壬辰杂编》，还抱着"以诗存史"的目的，编成了一部金代诗歌总集——《中州集》，为后人撰写金史留下了宝贵的历史资料。《金史·艺文传》就是以《中州集》为蓝本写成的，后来的《全金诗》也是在《中州集》的基础上增补而成的。

元好问不仅擅长诗词，为史学作出了重要贡献，而且在文学批评界也创下了不俗的成绩。元好问是一个有独到见解的诗歌评论家，他的《论诗三十首》评说了自汉、魏至宋代的许多重要诗家和流派，从诗歌的风格、内容到语言各方面都作了中肯的论述，对后世影响很大。

看到了元好问在各个领域的不俗成就，我们不得不承认，其"一代文宗"、"北方文雄"的尊称实在是实至名归。

施耐庵铺叙百人传

在我国古代文学发展史上，不同的时期有着不同的文学特色，就像唐朝的诗，宋朝的词，元朝的曲等等。在明清时期，小说成了这一时期的特色，其中，在明清时期，文学素养最高、最具代表性的小说当属四大名著了，而《水浒传》就是其中之一，作者施耐庵在书中讲述了一个名叫宋江的男人带着另外一百零四个男人和三个女人聚义水泊梁山的故事。

施耐庵（1296年—1371年），原名彦端，字肇瑞，号子安，别号耐庵，元末明初文学家，江苏兴化人（一说浙江钱塘人）。施耐庵自幼聪明好学，以读书为乐，才华在同龄人当中是数一数二的。施耐庵十九岁中秀才，二十九岁中举人，三十六岁金榜题名，成为进士。照理说，施耐庵的仕途应该是很光明的，但是，施耐庵是一个性格耿直、不擅钻营的人，这就注定了他在当时的官场上是混不开的。施耐庵中进士不久，就被任命为钱塘县尹。他在钱塘为百姓申冤昭雪，赢得了百姓的爱戴，可是，他的做法也惹怒了当时那个欺贫怕富的县令。在备受排挤之后，施耐庵终于无法忍受，于是便辞官回家，专门著书立说。

在完成《水浒传》这部巨著之前，施耐庵过得并不好。在仕途上的失利已经让他备受打击，但是他没有想到的是，他的感情路也十分坎坷。在施耐庵十八岁那年，一个名叫金莲莲的女孩走进了施耐庵的世界，两人迅速坠入了爱河。当施耐庵欣喜地认为自己已经找到另一半的时候，阻力出现了，金莲莲的母亲不愿意让自己的女儿嫁给一个穷酸书生，她一心想让自己的女儿嫁一个有钱人，最终，爱情败给了金钱。想起两人最后一次见面的场景，施耐庵就压抑不住心中的怒火，他甚至觉得爱情已经不可相信了。

但是，不久之后，施耐庵的第二次爱情降临了。在别人的介绍之下，施耐庵认识了一位名叫潘巧巧的姑娘。潘巧巧是一个性格独立的姑娘，她不是金莲莲那种能被别人束缚的人，她的自由奔放让施耐庵觉得这下终于可以与潘巧巧成就一段美好的姻缘了。于是，施耐庵全身心地投入到了这段感情。可是，残酷的事实再一次侵袭了施耐庵，潘巧巧不辞而别，这让可怜的施耐庵再次受伤。这次，施耐庵对爱情彻底绝望了。

为了生存，施耐庵在梁山泊下的一家酒馆打工。在打工的日子里，他受尽了掌柜王伦和他老婆孙氏的白眼。后来，施耐庵娶了一个寡妇，妻子经常与他大吵大闹，让施耐庵感觉很丢脸。这些经历，让施耐庵对女子有一种病态的恨意。所以，在创作《水浒传》时，这几个令施耐庵很受伤的女子都被他写进了书中，即潘金莲、阎惜娇、顾大嫂、孙二娘几人。在书中，施耐庵将潘金莲写成荡妇形象，而将顾大嫂、孙二娘描绘成野蛮粗鲁的模样。在创作完这几个角色之后，施耐庵觉得还不够完美，他在心中刻画了一个自己认为最为完美的女子编进了书中，这就是扈三娘。于是，水浒传中几个女性形象就这样确定了。

对占据《水浒传》绝大部分篇幅的男性角色的描写，施耐庵的取材广泛，他们来自各个行业，比如林冲、鲁智深和杨志等人都是军官出身，这些人都是由于朝政黑暗，被奸臣陷害而不得不落草为寇。像阮氏兄弟等人，他们都是贫苦人家出身，因为对贪官的不满而走上了梁山，像军师吴用本来是落魄书生，时迁本来是梁上君子……这众多人物角色和发生在他们身上的众多事件，竟然被施耐庵神奇地糅合到了一起，而且读者在看《水浒传》时并没有分散的感觉，整部作品都被施耐庵串联得十分流畅，这显示了施耐庵优秀的文学素养。

《水浒传》在人物刻画上非常具有特色。比如读者往往可以从一个人的外貌特征推测出这个人的性格。书中在描写武松的外貌特征时写道："一双眼光射寒星，两弯眉浑如刷漆"，这段对武松眼睛的描写，让人不自觉地就在脑海中闪现出一位目光炯炯、英勇魁梧的汉子；像对鲁智深的描写："生得面圆耳大，鼻直口方，腮边一部络腮胡须，身长八尺，腰阔十围"，在这样的描述之下，读者就会大概推断出鲁智深是一个性格直率、做事鲁莽的大汉，这为他后来拳打郑官西做了铺垫。这一段段经典的描写将各位梁山好汉的形象描绘得栩栩如生。难怪金圣叹感慨地说："《水浒传》写一百八个人性格，真是一百八样。"

鲁迅曾经指出："《水浒传》和《红楼梦》的有些地方，是能使读者由说话看出人来的。"从鲁迅的评价来看，《水浒传》的语言描写也达到了一个极高的水准。比如，李逵在第一次见到宋江时，就扯着大嗓门问戴宗："哥哥，这黑汉子是谁？"当戴宗见到李逵在语言上冲撞了宋江，就狠狠地训斥了李逵，并赶紧为他介绍宋江。可是，当李逵听见自己最崇拜的人坐在面前时，却依然本色不改，这就将李逵粗鲁直率的性格表现了出来。等戴宗介绍完之后，李逵又说道："莫不是山东及时雨黑宋江！"李逵的话中，时时都带着一个"黑"字，丝毫没有奉承自己偶像的意思，这短短的几句话让李逵的形象跃然纸上。其他如阮小七的急性子，吴用的足智多谋，燕青的温文尔雅等，都可以通过他们的语言看出这个人的性格。

在封建社会中晚期，封建统治者进一步加强了对百姓的思想控制，施耐庵将这些朝廷非常反感的绿林人士定义为劫富济贫的英雄。在《水浒传》中，身为"反贼"的梁山泊诸位好汉具有很高的品格，他们惩奸除恶、劫富济贫，他们虽然身在绿林，却高举"替天行道"的大旗，做着许多本该是朝廷做的事。这实际上就是对朝政黑暗的讽刺，对朝廷不作为的讽刺。而敢将这些朝廷眼中的匪徒描写得如此正义，敢将劳苦大众反对封建统治者的剥削和欺压的不满写出来，敢将普通百姓的心声道出来，足以证明施耐庵强烈的正义感。

《水浒传》是我国文学史上的史诗级作品，有着极高的文学价值和深刻的社会内涵。在今天，对《水浒传》的研究已经形成一门学科，即水学。这种情况，可以说是对施耐庵和他的《水浒传》最好的褒奖了。

古典文学瑰宝《三国演义》

"滚滚长江东逝水,浪花淘尽英雄,是非成败转头空……"这首脍炙人口的歌曲是电视剧《三国演义》的主题曲。在剧中,那一个个鲜活的角色,一个个壮观的场面,一个个扣人心弦的故事,无不使观众如痴如醉。电视剧《三国演义》之所以能成为无数人心目中的经典,主要还是依靠罗贯中那部精彩绝伦的原著小说《三国演义》。

罗贯中(约1330年—1400年),汉族,名本,字贯中,号湖海散人,太原清源人(今山西省太原市清徐县)。罗贯中是元末明初著名的小说家、戏曲家,他通过自己的《三国演义》将章回体推向成熟,使得后来的明清小说多以这种形式记述,而他的《三国演义》不但在国内无人不知无人不晓,而且还风行国外,被翻译成十多种文字流传海外,被海外学者评价为"一部真正具有丰富人民性的杰作"。

《三国演义》是中国第一部长篇章回体历史演义的小说,它讲述的是魏蜀吴三国争霸的故事。它以刘备的蜀国集团为视角,以历史为依据,向读者展示了一个动荡的时代。《三国演义》主要可以分为五大部分:黄巾之乱、董卓之乱、群雄逐鹿、三国鼎立、三国一统。

《三国演义》创作时,中国正处在元朝的统治之下,当时的元朝统治者残暴不仁,百姓处在水深火热之中,这让罗贯中对元朝的统治十分不满,他的内心深处非常希望统治权能重新回到汉族

周瑜像

人手中，所以，在创作《三国演义》时，罗贯中将自己的主观情感也加了进去，这就确定了贯穿全书的思想——保刘兴汉。

《三国演义》中，罗贯中站在刘备集团的立场上，对东汉末年到三国时期的历史进行了描述，让读者可以对这段时期的历史有个大概的了解。同时，书中描写的经典战役，如官渡之战、赤壁之战等的军事意义重大，后世之人研究三国中经典战例的人比比皆是。此外，《三国演义》对谋略、政治等方面的贡献也是相当大的。所以，直到今天，三国的影响力依然非凡。

身为施耐庵的学生，罗贯中继承了老师的优点。他对人物的描写一点也不逊色于自己的老师，文中最具代表性的三人：曹操、诸葛亮、关羽的形象更是让每个接触过三国的人印象深刻。

曹操是一位奸雄，他也很直白地对自己的性格进行了表达。比如，曹操在刺杀董卓失败之后，和陈宫一起逃难至吕伯奢家中。晚上，曹操听见后堂有磨刀之声，误以为吕伯奢一家要谋害他，于是便将他们一家屠杀一空。转眼间，吕家变成了人间地狱，只剩不在家中的吕伯奢未遭曹操毒手。可是，在逃跑途中，曹操在路上遇到打酒归来的吕伯奢时，再一次将屠刀刺向了这位热心老人身上。他的这种行为，让陈宫非常愤怒。陈宫质问曹操为什么这么做，曹操回答："宁教我负天下人，莫教天下人负我。"这句话，将曹操的奸雄本质展现得十分突出。

如果说曹操是罗贯中笔下的奸雄代表，那么关羽就是他书中义的象征。从桃园结义开始，关羽就誓死追随自己的兄长刘备，从未动摇过自己的想法。哪怕是刘备一直寄人篱下，无所作为，哪怕自己曾深受曹操器重，关羽也从来没有想过放弃刘备而另投他人。对刘备，关羽因为义字而付出了自己的一生，兄弟之义，日月可昭。对其他人，关羽也是义字当头。曾经在曹营深受曹操器重，多次接受张辽等人帮助，这让关羽在与他们对阵时无法挥起自己的青龙偃月刀。曹操败走华容道，被关羽堵在了那里。关羽在来之前是和军师诸葛亮签了军令状的，如果不拿下曹操的话，按照军令状是要被斩首的，但关羽最终还是将曹操等人放走，等待诸葛亮的制裁。虽然关羽最后因为有众位将领的求情，未被军法处置，但是他这种为了朋友之义宁愿放弃自己性命的境界，不得不令人佩服，而关羽也成了几千年来"义"的最佳象征。

三国的这些主角中，诸葛亮是很有分量的一位。为了引出诸葛亮，为了突出诸葛亮的智慧，罗贯中煞费苦心。

在接受刘备聘请之前，诸葛亮已经名声大振了。水镜先生司马徽说："卧龙、凤雏，两人得一，可安天下"。之后，徐庶走马荐诸葛，向刘备推荐了诸葛亮。当刘备问起诸葛亮的才能和徐庶相比如何时，徐庶回答说："我与他相比，就好像是劣马与麒麟一般，寒鸦与鸾凤一般，实在无法相提并论。况且他常以历史上有名的管仲、乐毅相比，在我看来，他才华盖世，乃天下第一才华之士，甚至管仲、乐毅也会在他面前失色。"将这种评价给予一个不到三十岁，甚至没有经受战争洗礼的人，是不是有些过于夸大了呢？可能刘备心中也存在着这样的疑问，但是，能得到如此高评价的人肯定也不是等闲之辈。于是，刘备三顾茅庐请诸葛高出山，甚至在第三次拜访诸葛亮的时候，刘备为了不打扰诸葛亮的午休，竟然在冰天雪地当中站了很长时间，气得张飞差点要去烧诸葛亮的房子。而刘备这样的举动无疑也是将诸葛亮抬到了一个高度，诸葛亮急需要一个机会来证明自己。

所以，在诸葛亮正式出山辅佐刘备的时候，他迅速策划了一场针对曹操先锋的战役，这就是"火烧博望坡"。一场大火烧得曹军丢盔弃甲，烧得关张心服口服，而诸葛亮也通过这场大火正式向所有诸侯宣布了自己的到来。再加上之后的火烧新野，诸葛亮将自

明代朱瞻基所绘的《武侯高卧图》，此图描绘的是诸葛亮出茅庐辅助刘备之前，隐居南阳躬耕自乐的形象

己的智慧和对战局超强的掌控能力表现得淋漓尽致。

在曹操大军逼近孙权刘备时，诸葛亮前往东吴劝说孙刘两家联手抗曹。在东吴，诸葛亮先是舌战群儒，驳得江东众多名士哑口无言，之后又根据孙权和周瑜的性格对他们采取了激将法，坚定了他们抗曹的决心，将自己的智慧用语言展现了出来。后来，诸葛亮一次次地化解了危机，在描写这些事件的过程中，诸葛亮睿智善辨的形象栩栩如生地展现在了读者面前。

之后，诸葛亮彻底占据了罗贯中《三国演义》中男一号的位置，夺荆州，三气周瑜，取西川，七擒孟获，六出祁山。诸葛亮在三国战场上叱咤风云，让所有人都黯然失色，直到他命陨五丈原，这才使得很多人摆脱了诸葛亮的阴影。可以说，在《三国演义》中，诸葛亮被刻画成了一位智慧近妖的大神级人物，他的光辉形象也一直被后人所传颂。

《三国演义》在人物方面的刻画堪称经典，在师父施耐庵写出一百零八将时，徒弟罗贯中青出于蓝而胜于蓝，刻画出了诸葛亮、曹操、关羽等经典形象，这让人不得不感叹，《三国演义》真是中华民族的骄傲，罗贯中真是后辈文人的楷模。

《三国演义》不仅是较早的一部历史小说，还代表着古代历史小说的最高成就。小说采用浅近的文言，富于变化的笔法，把百年左右头绪纷繁、错综复杂的事件和众多的人物组织得完整严密，叙述得有条不紊、环环紧扣，层层推进，是古代历史小说中成就最高、影响最大的一部作品，在中国文学史上和人民生活中都有着难以估量的深远影响。

吴承恩虚构神魔小说《西游记》

有一部小说，它从十九世纪开始就被翻译为日、英、法、德、俄、等十几种文字流行于世，《美国大百科全书》认为它是"一部具有丰富内容和光辉思想的神话小说"。它融合了佛、道、儒三家的思想和内容，可以说是我国古典小说中内容最为庞杂的一本，它就是我国家喻户晓、无数次被搬上荧屏的《西游记》。

《西游记》的作者吴承恩（1501年—1582年）是一位著名的明朝小说家，字汝忠，号射阳山人，淮安府山阳县人（今江苏省淮安市楚州区），祖籍安徽桐城高甸（今安徽省枞阳县雨坛乡高甸）。吴承恩生于一个下级学官沦落为小商人的家族，家境清贫。他的父亲吴锐性格乐观旷达，原来是一个职位不高的文官，喜好读书，凡是经史百家，没有不读的。后来，迫于生计，吴锐弃文从商，但是骨子里是个读书人的他实在没什么经商头脑，所以做生意也一直做不好，以致家境清寒，被人视为迂阔的"痴人"。吴锐为儿子取名承恩，是希望他走上仕途，上承皇恩，下泽黎民，做一名好官。

吴承恩自幼聪明，《淮安府志》写到吴承恩时，说他"性敏而多慧，博极群书，做诗文下笔立成"，而且吴承恩小时候就多才多艺，很有想象力。有一次，一场大雨过后，吴家大门外的低洼处积满了水，几只白鹅在水面上游来游去。这时，四五岁的小承恩拿着粉土在自己家的墙上画画。邻居的一个老翁走过来一看，小承恩画的鸟兽鱼虫都栩栩如生。老翁十分惊叹，就指着旁边水洼上游着的白鹅说："孩子，画只鹅看看。"小承恩点点头，三下五除二就在墙上画了一只展翅高飞的鹅。老翁看了笑着问："鹅怎么能飞呢？"小承恩反驳老翁说："这是一只天鹅！"看着水上游的鹅能画出天空中飞的天鹅，老翁十分感叹小承恩的想象力，他暗自说道："这孩子不同寻常，将来肯定能成为多才多艺的人！"

吴承恩不仅精于画画，还擅长书法，爱好填词作曲，对围棋也很精通，还喜欢收藏名人的书画法帖。少年时代的他就因为文才出众而在故乡出了名，受到人们的赏识，大家都认为他科举及第，"如拾一芥"。吴承恩从小就很喜欢看稗官野史、志怪小说，喜欢听奇闻怪事，十分喜好文学，这为他将来撰写《西游记》打下了坚实的基础。但是他也因此被人戏称"痴人家儿"。这种称号不光侮辱吴承恩自己，又提起了父亲被侮辱的往事。受到这样的刺激，吴承恩打算通过科举走上仕途，以雪屈辱，也为了达成父亲的愿望——上承皇恩，成为一个好官。

但是，吴承恩的科考之路一直不顺，他屡试不中。科场的失意和生活的困顿使吴承恩加深了对封建科举制度、黑暗社会现实的认识，于是他开始通过写志怪小说来表达内心的不满和愤懑，试图通过神鬼世界来反应现实世界。他说："虽然吾书名为志怪，盖不专明鬼，实记人间变异，亦微有鉴戒寓焉。"

后来，吴承恩对宋元话本者、元杂剧《西游记》中的猪八戒产生了浓厚的兴趣，于是他搜集了大量关于玄奘西行取经的故事的资料，例如有关的民间小说、话本、杂剧、佛教故事、道教故事等。大约在嘉靖二十一年（1542年），吴承恩写成了这部妙趣横生的虚构小说《西游记》。《大唐三藏取经诗话》中的猴行

《西游记》以唐太宗时玄奘和尚赴西天取经的故事为蓝本，参考了《大唐西域记》、《大慈恩寺三藏法师传》等作品，描写了孙悟空、猪八戒、沙和尚护送唐僧西天取经，历经九九八十一难的故事。

《西游记》的文字以白话文为主，融合了佛、道、儒三家的思想和内容，故事中既有佛、道两教的神和仙，同时又在神佛的世界里注入了现实社会的人情世态，有时还在书中引入儒家的至理名言，显得亦庄亦谐、妙趣横生，赢得了各个文化阶层读者的喜爱，使《西游记》成了不受限于年龄、不受限于文化阶层的超级畅销书。

但是，内容丰富也让《西游记》出现了一些自相矛盾的地方，例如，看过《西游记》的人都知道，在天界，代表道教的天空和代表佛教的西方极乐

清代王文亭所绘的《王母庆寿图》

世界的头头脑脑们都是和平共处的；但是在人间，唐僧师徒在取经路上却不止一次和道士们发生冲突。此外，孙悟空自出场就是一个桀骜不驯、任性自由的形象，但是他却忠心耿耿地护送过于心软而且很多时候不能明辨是非的唐僧取经，还成了取经团体中的核心人物。这种矛盾应该怎么解释呢？

这种矛盾产生的原因，是因为唐僧师徒西天取经的故事并不是吴承恩凭空虚构的，而是以历史上的真实故事为依托，以《大慈恩寺三藏法师传》、《大唐三藏取经诗话》、《西游记》杂剧为参考资料而写成的，而每一次文学创作都会在原来的故事和人物形象塑造的基础上进行个性化的理解，而作者所处不同时代的宗教观念和故事传播者的个人趣味，都会在故事形成的过程中留下印记，这就是吴承恩的小说《西游记》呈现庞杂性和矛盾性的原因。因此，理解《西游记》，不应当片面地用某一个主题去概括，而是要在复杂的思想背景下进行理解。

敦煌壁画中的玄奘取经图

但是，不能片面地用一个主题去概括《西游记》，并不是说它没有主题。《西游记》的主线是确定的，那就是唐僧师徒四人西天取经的故事，唐僧师徒克服九九八十一难只为取到真经，可以将取经过程看做是追求真理的过程，因此，《西游记》的"取经"行动就有了"自我救赎"和"普度众生"的双重价值。

小说《西游记》多用夸张、比喻手法，铺陈、排比句式，音调韵律朗朗上口，适合高声说出或者唱出，平话、弹词、戏曲脚本痕迹很重，这样的语言极大地发挥了音调韵律对人心理的作用，增强了感染力。而且，《西游记》讲故事所用的白话文易于理解，诙谐有趣，间或有狡黠、奸猾之处，小说虽然写的是唐僧师徒取经的故事，但是却充满着纷繁多样的异质内容，非常具有离经叛道的意趣。小说描绘华丽富足、祥和自由的仙界风光时大量运用赞赋诗词；描绘妖魔洞府、神仙妖魔形象时大量运用华丽的辞藻，让人读来有一种如梦如幻、恍如仙境的感觉。

在小说中，一切都被世俗化了，作者是用世俗的经验和心理来描绘和体察神佛世界的，这在一定程度上解除了神佛的神秘性和神圣感，使作品更加平易近人。例如孙悟空身上既有猴子的灵活好动、性情急躁、好卖弄的缺点，又有神仙的七十二变、腾云驾雾的本领；猪八戒身上既有现实社会中猪的好吃懒做的明显缺点，又有现实社会中某类人的敦厚单纯的特点。将人身上的动物特性和神佛的特殊本领结合在一个人物形象身上，增添了故事的喜剧色彩。全书组织严密，繁而不乱，语言活泼生动且夹杂方言俗语，富于生活气息。

吴承恩借助这部神魔小说表现了对现实的不满和改变现实的愿望，小说借助唐僧师徒在取经路上经历的八十一难折射出人间现实社会的种种情况，即使唐僧师徒遇上了难对付的妖魔，在关键时刻，总有神佛界的领导会借给孙悟空一件可以降服妖魔的武器，或者有神佛界的统治者会亲自出来降服妖魔，这可以理解为作者希望借此表达其渴望建立"君贤神明"的王道之国的政治理想。

《西游记》的成功，不光在于它塑造了一个个成功的形象，而且在于小说中贯注着的智慧与精神。它不光开辟了神魔长篇章回小说的新门类，而且是古代长篇小说浪漫主义的高峰，不光在中国文学史上，甚至在世界文学史上，都有着不容忽视的重要地位。

蒲松龄和他的妖仙鬼怪

"写鬼写妖高人一筹,刺贪刺虐入骨三分",这句话是形容蒲松龄的《聊斋志异》的。《聊斋志异》全书共有短篇小说四百九十一篇,蒲松龄在写作的时候选取的题材非常广泛,使得这本书的内容极其丰富。《聊斋志异》以狐、仙、鬼、妖为载体,述说了一个个鲜明生动的故事,在书中,作者塑造了许多经典的艺术典型,又以严谨的布局和细腻的描写使无数读者爱不释手。《聊斋志异》通过谈狐说鬼的手法,对当时的社会矛盾进行披露,对那种黑暗无光的制度进行批判,将普通民众渴望美好生活的心声写了出来,达到了中国古典短篇小说的巅峰。

蒲松龄(1640年—1715年),字留仙,号柳泉,山东省淄博市淄川区洪山镇蒲家庄人,清朝著名的文学家,小说家。出身于书香世家的蒲松龄自幼就十分喜欢看书,他的父亲后来虽然因为家道没落而选择了弃文从商,但是骨子里仍然是一个文人,所以,他努力培养蒲松龄,希望蒲松龄能够刻苦学习,考取功名,为蒲家争取荣耀,所以蒲松龄小时候的学习环境很好。后来,在十九岁时,蒲松龄以县、府、道三个第一考取秀才。当人们都认为蒲家要出进士时,蒲松龄却在考场上连连失利,这让他备受打击。后来,时任宝应知县的好友孙蕙见蒲松龄不得志,便邀请他到宝应来帮助自己,于是,蒲松龄南游。这是蒲松龄

清代画家朱湘麟所绘蒲松龄像

一生之中唯一一次到南方去,而正是这一次南游,让蒲松龄获益匪浅。在南方,官府腐败、百姓贫苦的现象尤为严重,蒲松龄在这里了解到了更多的民间疾苦。同时,南方风俗民情衍生了许多鬼怪妖仙的故事,让蒲松龄得到了很多资料。这些收获对蒲松龄后来撰写《聊斋志异》有很大帮助。

《聊斋志异》里面收集了许多短篇故事,但是,蒲松龄并不仅仅将《聊斋》写成故事书,实际上,他将自己对社会的感悟和他内心的理想社会编进了故事中。蒲松龄一生热衷功名,可是却屡试不第。实际上,蒲松龄的文采是很高的,他始终无法中第,也并非他的文章不被主考官认可,而是因为当时科举的黑暗让蒲松龄频频遭遇落榜。在《聊斋志异》中,有一个故事《叶生》就反映了科举考试的内容。

叶生学识渊博,但是由于当时社会黑暗,所以叶生数次落榜,无缘功名。心灰意冷之下,叶生只好回到家中。当地的知县知道叶生有大才,便让自己的儿子丁再昌拜在了叶生的门下,向叶生学习文章。虽然丁再昌只有十六岁,甚至还不会写文章,但是,由于他聪慧过人,记忆力超强,任何文章只要读上两三遍便烂熟于心。所以在叶生的帮助下,丁再昌很快便学会了做文章,不久之后就考取了秀才,省考时他又取得第二名,京城会试时也一样很顺利地高中进士,当上了主政官。在自己的徒弟做上高官之后,叶生的命运好像一下子就变好了,一年后,叶生参加京中乡试,竟考中举人。

取得功名之后,叶生兴冲冲地回到家,才发现家中变得比以前更萧条了,心中不由得很悲伤。正好妻子拿着簸箕走出屋来,看见了院子里的叶生。两人一照面,妻子竟然吓得丢下簸箕就跑。叶生急忙说道:"你我只不过几年未见,难道你就不认识我了,现在我有了功名,我们可以过好日子了。"没想到妻子却说:"别说什么富贵了,你已经死了这么久了,我们之所以没有安葬你,是因为家里实在拿不出钱来,现在儿子已经长大了,我们已经攒够了安葬你的费用,你就安息吧,不要再这么吓人了。"叶生无奈地走进家中,没想到家中竟然放着一副棺木,当叶生看见棺木时,便立刻跌倒在地,随即就消失得无影无踪。

在这个故事中,叶生怀才不遇,始终未能考取功名,等到他因为中举回家之后才发现,原来自己已经死了很久了。这篇文章读起来非常怪异,正如鲁迅所说的"以传奇法，而以志怪"。而蒲松龄也是通过这种怪异强烈地讽刺了黑暗的社会和腐败的科举制度。其实，在这个故事中，蒲松龄也是将自己屡试不第的不满糅合进了故事当中，以此来表达心中的愤懑。

在讽刺社会不公之余，蒲松龄也看到了许多普通民众身上的美德，比如他们敢于反抗、乐于助人、机智勇敢、诚实守信的精神等，可是，蒲松龄是如何将这些精神在书中表现出来的呢？原来，狐仙、花妖、灵异鬼怪便是这些精神的载体，蒲松龄通过他们将人们优秀的品德展现了出来。同时，蒲松龄还将自己内心中的所设想的理想人物和高尚品德也写到了故事当中。蒲松龄书中的很多故事里，女主人公大多不是人类，虽然她们身上有非人的特征，可是她们却拥有良好的品德，拥有完整的人格。比如在故事《红玉》中，狐女红玉和遭难的冯相如产生了真挚的爱情，他们相亲相爱，红玉自始至终都在支持着冯相如。红玉并不是一个单单和冯相如相爱的狐仙，她更是一位善良勤劳的贤内助，在日常生活中，她将家中整理得顺顺当当，在反压迫斗争中，她是冯相如坚强的后盾。如此一位伴侣，怎能不让人感到羡慕？就算她不是人类又何妨，有几个人能够做到这种地步呢？

又如故事《阿绣》中，为了追求爱情，一位狐女变成了阿绣的样子，在自己心仪的刘子固面前展现出自己的优点，并在两人交往过程中得到了刘子固的爱情。但是，到后来她才发现，自己辛辛苦苦经营的爱情竟然被真阿绣夺去了。这时的她虽然内心十分痛苦，但是她自始至终都没有破坏阿绣和刘子固的想法。其实，狐女要拆散两个人是很简单的，拥有法术的她可以轻而易举地拆散两人，然后自己就可以重新回到心爱的刘郎身边。可是，在故事中，善良的狐女并没有这么做，她悄悄地退出了，将自己经营所得的这份爱情让给了阿绣，使刘子固和阿绣最终成立了美满幸福的家庭。虽然狐女最终失去了她向往的爱情，但是她的善良和完美品德却深深地留在了读者的心中。

除此之外，《宦娘》中的鬼女宦娘、《张鸿渐》中的狐女施舜华等都是以贤良美好的形象出现在读者面前的。在故事当中，蒲松龄将这些狐女、鬼女塑造成了一个个超凡脱俗、具有崇高品德的人。她们善良、富有同情心，她们热情无私地帮助别人，在别人有困难时，她们会毫不犹豫地帮助别人，比之真正的人类更有人情味，其实她们更像理想的人类。这些形象包含着蒲松龄心目中的美好形象，所以蒲松龄在赞美这些品质的时候，也对理想生活和完美人性充满了憧憬。

　　蒲松龄四十多年的心血，成就了《聊斋志异》这部具有传奇、志怪、逸事等的短篇小说集，他在书中以妖仙鬼怪为主体，写出了那些动人的美丽的人与狐妖、人与鬼神之间的爱情故事。通过这些故事，蒲松龄将自己对黑暗社会的不满和美好世界的憧憬完完全全地表现了出来，使《聊斋志异》成为了一部具有独特思想风貌的著作，也使得《聊斋志异》在中国文学史上得到了崇高的地位。

古典长篇讽刺小说——《儒林外史》

在吴敬梓所著的《儒林外史》开头有这样几句话："功名富贵无凭据，费尽心情，总把流光误。浊酒三杯沉醉去，水流花谢知何处。"这几句话其实就是整部书思想的总结，也是整部书的灵魂所在。吴敬梓通过儒家学子为争功名而表现出来的情态，对那个黑暗的社会进行了嘲讽。

吴敬梓（1701年—1754年）出身于一个由读书而飞黄腾达的官僚家庭，吴家祖上有很多人都是著名学者或是朝廷官员。他的先祖吴沛是东南学术界的宗师。吴沛有五个儿子，其中四个就是进士，吴敬梓的曾祖吴国对是明末清初著名的八股文大家，而且在顺治时期，还曾高中探花，成为吴家人心目中的骄傲。但是，吴敬梓家这一支，却在他父亲吴霖起手中开始衰落了。父亲吴霖起只是康熙二十五年（1686年）选拔的一名贡生，而且为人老实，不善于钻营，所以在官场上注定走不长远。只是做过江苏赣榆县教谕的吴霖起与其他官员格格不入，身上总是带着一身的儒气，与官场中那些身上带有铜臭味的人形成了鲜明的对比，甚至他还经常将自己的钱拿出来修缮学馆，这样的做法，引起了同僚的强烈不满。所以，没过几年，吴霖起就丢掉了官职，回到了老家。但是吴霖起的这种品质和性格却对儿子吴敬梓产生了很大的影响。

二十三岁的时候，吴敬梓考中了秀才，正当他准备和父亲一起庆祝时，父亲却病逝了。失去父亲之后，吴敬梓在家中备受排挤，这让他心中异常悲愤。于是，他变得挥霍无度，再加上他跟父亲一样乐善好施，所以，短短的几年时间，吴敬梓就把父亲留下的财产挥霍光了。再加上吴敬梓在这几年里没能在科举中取得新的成绩，所以，家族对他的欺压越发严重了。无奈之下，吴敬梓离开了家乡。在这段时期，吴敬梓仿佛从天堂掉到了地狱，由富贵变得贫穷，宗族的人也欺压他，使他在这段时间内尝尽了苦楚。但是，也正是这个时期的遭遇，使吴敬梓的思想有了大幅度的转变。衣不避寒、食不果腹的生活使吴敬梓对穷苦知识分子有了更深入的了解。所以，在《儒林外史》中，吴敬梓对穷苦读书人的生活描写得尤为真实。这些经历使他看透了当时黑暗统治下士大夫阶层的堕落无耻，看透了政治的罪恶、社会的腐败和人间的势利冷暖，他的心开始向出身低下、郁郁不得志的人靠拢。

吴敬梓的家族以八股文起家，而对于八股文有着绝对信心的吴敬梓却多次在科举中失利，这使他多次感受到了那种失败之后的痛苦，所以他在决心放弃科举的时候，对八股取士也产生了强烈的憎恶。

所以，在《儒林外史》中，吴敬梓对那些科举取士进行了强烈的批判，比如"范进中举"。在描写范进的时候，《儒林外史》首先这样写道："周学道坐在堂上，见那些童生纷纷进来……进一个童生来，面黄肌瘦，花白胡须，头上戴一顶破毡帽。广东虽是地气温暖，这时已是十二月上旬，那童生还穿着麻布直裰，冻得乞乞缩缩，接了卷子，下去归号。"这便是故事的主人公范进。范进交卷时，周进"坐在上面，只见那穿麻布的童生上来交卷，那衣服因是朽烂了，在号里又扯破了几块。周学道看看自己身上，绯袍金带，何等辉煌。"那位周学道也是贫苦学子通过科举考试才有了今天的辉煌，他在看到范进时，想到了曾经的自己，于是便为自己今日的富贵而沾沾自喜。这里，吴敬梓通过范进和周学道两人的鲜明对比，将当时科举制度对学子的影响凸显了出来，而这也正说明了当时科举对学子的毒害，对人性的扼杀。

而在范进中举后，书中这样写："他笑了一声，道：'噫！好了！我中了！'说着，往后一跤跌倒，牙关咬紧，不省人事。灌醒过来，竟发了疯，一边叫'我中了！'，一边往门外飞跑，一脚踹在塘里，挣起来，头发都跌散了，两手黄泥，淋淋漓漓一身的水。此时竟需要他平日害怕的胡屠夫打他

吴敬梓塑像

一巴掌，他才清醒过来。"这位岳父胡屠夫曾经是对范进骂得最狠的，而当范进中举之后，他却突然变了一副嘴脸，口中再也不是先前的"现世宝穷鬼"了，转眼间，范进成了胡屠夫口中的"贤婿老爷"，就连"尖嘴猴腮"的长相一下子也变得非常体面了。而且，范进的那个穷家曾经是门可罗雀，自从中举之后却是门庭若市，由此可见科举制度对读书人以及整个社会的毒害达到了何种程度。

这些儒生，从小学的便是八股文，学的解文拆字，他们满嘴的"之乎者也"，一肚子的八股文章，而这些东西对治理国家和造福于民没有什么帮助，这些科举取士从八股文中学到了虚伪，学到了对功名的狂热，其他的什么都没有学到。这些人因为对功名的追求往往变得非常极端。他们渴望着有朝一日能金榜题名，光宗耀祖。而当所有读书人开始对功名展开疯狂追求的时候，社会便逐渐变得扭曲了，而充斥了大量这样的人的官场也变得越来越黑暗，越来越龌龊。

除此之外，吴敬梓对市井小民的形象的描写也十分出色，范进的岳父

取材于唐代十八学士夜宴的典故的《夜宴图》（局部），此画描绘的是十八个文人雅士于花木葱郁的庭院中秉烛宴饮的场面

胡屠夫就是典型的例子。在范进中举之前，因为家中贫困，范进不得不硬着头皮到胡屠夫家借钱赶考，可是，他被胡屠夫骂了个狗血喷头，还被胡屠夫在脸上啐了一口。而当范进中举时，胡屠夫因为在范进脸上扇了一巴掌而感到手心发疼，心里更是懊恼地想道："果然天上文曲星是打不得的！而今菩萨计较起来了。"这样一想，胡屠夫感觉手疼得越厉害了，于是赶紧向郎中讨了个膏药贴上了。胡屠夫感觉到手疼，其实是心理作用的影响，如果范进没有中举，想必胡屠夫也不会有这样的感觉了，这种描写将胡屠夫市侩的嘴脸生动地表现了出来。

　　在人物外表的描写上，吴敬梓也有很高的造诣。比如他在描写夏总甲时这样写道："两只红眼边，一副锅铁脸，几根黄胡子，歪戴着瓦楞帽，身上青布衣服，就如油篓一般，手里拿着一根赶驴的鞭子，走进门来，和众人拱一拱手，一屁股就坐在上席。"这种描写将一个活生生的小土豪形象展现在读者眼前。语言之简洁，描绘之逼真，让人叹为观止。

　　《儒林外史》对当时的社会进行了批判和揭露，使读者能够更深刻地了解当时的社会现实。而且，放在今天这个社会，《儒林外史》同样具有很大的警世价值。

曹雪芹辛酸创作《红楼梦》

乾隆年间，乾隆帝在文治方面促成的一件重要的大事是亲自组织编纂了《四库全书》，就在这一时期，文坛出现了一件大事，一本叫《红楼梦》的小说在京城的读书人间流传开来，刚开始人们不知道这本受欢迎的小说的作者是谁，后来才得知他的作者叫曹雪芹。

曹雪芹（约1715年—1763年），字梦阮，号雪芹，又号芹溪、芹圃，是清代著名的小说家和文学家。曹雪芹出身于一个大官僚地主家庭，曾祖母孙氏做过康熙帝玄烨的保姆，他的曾祖曹玺曾经很得康熙帝的宠信，被派到南方当江宁织造。江宁织造是个肥差，也是一种很特殊的官职，这个职位一般由皇帝亲自委派，具体工作就是监督南京、苏州、杭州一带的纺织业，并负责向宫廷供奉绸缎、衣饰、果品等，还要及时地把地方的政治、民情、风俗、习惯、丰歉等社会情况写成密折，直接报告皇帝。本来江宁织造是三年一换人，但是因为曹家受康熙皇帝特别关照，所以曹玺连任了二十二年的江宁织造，直至病死，曹雪芹的祖父曹寅做过康熙皇帝的伴读和御前侍卫，后曹玺去世，曹寅接替父亲曹玺的江宁织造之职，兼任两淮巡盐监察御使；后其子曹颙、曹頫先后继任江宁织造。祖孙三代四人担任江宁织造之职达六十年之久，而且康熙皇帝六次南巡，有四次就是以江宁织造署为行宫。生在这样一个显赫的家庭，曹雪芹少年时代一直过着富贵奢华的生活，他爱好广泛，喜欢研究金石、诗书、绘画、园林、中医、织补、工艺、饮食等。雍正初年，因为受统治阶级内部政治斗争的牵连，曹家被抄家，曹雪芹随家人回北京居住，曹家从此衰败。

经历了生活中的重大转折，曹雪芹从一个富家子弟沦落为一个穷困的读书人，饱尝了人生的辛酸。在落难时，曹雪芹深感世态炎凉，对封建社会

清代费丹旭所绘的《十二金钗图》中的《黛玉葬花》。画面人物纤细娇弱，娟秀清丽，刻画细致工整，具有典型的费氏风格。

有了更清醒、更深刻的认识。他蔑视权贵，远离官场，过着贫困如洗的艰难日子。在人生的最后阶段，他凭着自己坚强的毅力，在贫穷和困顿交加的条件下，花了十年时间写成了《红楼梦》前八十回，先后增删了五次。乾隆二十七年（1762年），曹雪芹的幼子夭折，曹雪芹由于过度忧伤和悲痛，从此一病不起，次年除夕病故，留下了未完成的《红楼梦》。

《红楼梦》是曹雪芹用毕生的心血写成的一部奇书，曹雪芹曾说："满纸荒唐言，一把辛酸泪，都云作者痴，谁解其中味！"可见《红楼梦》的主题是蕴含着深意的。鲁迅先生曾说过，《红楼梦》"单是命意，就因读者的眼光而有种种；经学家看见《易》，道学家看见淫，才子看见缠绵，革命家看见排满（旧指推翻清朝统治），流言家看见宫闱秘事……"可见，每个人的心中都有一个自己理解的《红楼梦》，不管是"爱情说"，还是"爱情婚姻悲剧说"，抑或是"政治历史说"，都是有道理的。

《红楼梦》的魅力主要在于其塑造出了一个个有血有肉有性格的人物形象，而且在讲述这些人物的故事时，作者将自己对人生和社会悲剧的深刻体验融入其中。《红楼梦》与其他古典小说的一个重要不同点是，它可以说是真正的悲剧。

自唐代传奇开始，到宋元明清时的话本和拟话本小说，中国古典小说大多是大团圆结局：以悲开场、以喜结束，以离开场、以合结束，而且故事的结尾都是好人得到幸福，坏人得到惩罚，冤屈得以昭雪。但是，《红楼梦》却是一个真正的悲剧，故事开始时，大观园中众姐妹欢乐聚会，但是结局却是众芳凋零，人去楼空。故事中的每个人物在最后几乎都是失意的：贾宝玉对生活彻底绝望，离弃"温柔富贵乡"而出家做了和尚；黛玉为爱情流尽最后一滴眼泪，抱恨而亡；宝钗虽成了荣府的"二奶奶"，但是却没有赢得爱情，结婚一年就守了活寡；王熙凤曾在贾府独揽大权，但是最后却误了卿卿性命。贾府虽然一度门庭显赫，到头来却落得个"堂衰草黄"，"白茫茫大地真干净"。当然，曹雪芹要表达的思想绝不仅仅停留在故事中人物的悲欢离合上，而是通过对一群痴男怨女爱情幻灭和贾王薛史四大家族盛衰的描写，暗示封建社会由于其不可克服的深刻矛盾终将走向灭亡的必然趋势。正是由于曹雪芹的这种洞悉未来的深刻思想趋势，使作品产生了巨大的冲击力和震撼力。

据说，曹雪芹能坚持写完《红楼梦》，也是因为他在困顿

北京大观园
园内景色

时得到了一些好友的帮助和鼓励，而敦敏就是其中一位。

敦敏与曹雪芹的命运十分相似，他和弟弟敦诚原本是清太祖努尔哈赤第十二子英亲王阿济格的五世孙，顺治初年，阿济格被抄家、赐死。后来，曹雪芹在北京右翼宗学里谋到了一个差使，并结识了敦敏、敦诚两兄弟，曹雪芹和敦氏兄弟惺惺相惜，很快就成为好友。之后，在曹雪芹创作《红楼梦》的过程中，敦氏兄弟一直鼓励曹雪芹，几个人在一起饮酒赋诗时，他们还作诗称颂曹雪芹傲骨如石、不同流俗的高洁品质，也对曹雪芹的不幸遭遇表示理解和同情，曹雪芹在坚持不下去的时候总会想起朋友的支持和鼓励，觉得自己在这个凄凉的世上是有知音的，如此才有了坚持下去的动力。

曹雪芹在右翼宗学干了没几年，右翼宗学就改组迁到了宣武门内绒线胡同新址，曹雪芹无法负担在城内的生活，有人曾劝曹雪芹放下自尊，去求人谋个一官半职，曹雪芹都拒绝了，而是举家搬到了北京西郊的西山。搬到西山后，曹雪芹一家的生活更加困窘，一家人经常靠朋友接济喝粥度日，有时候连粥都喝不上。在这样艰苦的条件下，曹雪芹用了大部分时间和精力来创作《红楼梦》，除了和村里私塾的先生还有老百姓接触外，曹雪芹几乎断了其他的社会交际。

一个秋天的早晨，秋雨绵绵，曹雪芹经过了又一夜的奋笔疾书，终于又完成了精彩的一回，他看着手稿十分高兴，非常想把此时的快乐和好友敦敏分享。于是，曹雪芹冒着细雨，从西郊来到宣武门内的槐园拜访敦敏，结果在半道上碰到了一大早出来舞刀的敦诚。敦诚说敦敏还未起床，于是拉上曹雪芹一起，在这个秋雨绵绵的早晨，直奔一家酒馆。两人一边喝酒，一边饮诗，非常畅快。在曹雪芹的一生中，尤其是他晚年闭门创作《红楼梦》时期，这样的快意时刻非常少见。

就是曹雪芹倾其心血写成的这部《红楼梦》，后来取得了举世瞩目的成就。它成为了清代小说的巅峰，被列为我国古代四大名著之一，被誉为"我国封建社会的百科全书"。《中国大百科全书》评价说："红楼梦的价值，怎么估计都不为过。"《大英百科》认为，"《红楼梦》的价值等于一整个欧洲"。甚至有人认为，"几千年的中国文学史，假如我们只有一部《红楼梦》，它的价值也足以照亮古今中外。"如果曹雪芹知道他的这部作品在后世产生了这么巨大的价值，他当含笑九泉了。

开批判现实之风的《官场现形记》

晚清时期，整个官场无官不贪，无吏不污，卖官鬻爵、贪污腐败已经成为整个官场的运行机制。官场腐败至此，自然官员个个道德沦丧，那些在位上的官员，只知珠玉妖姬、升官发财、巴结上级、压榨百姓，清政府的腐败无能暴露无遗。这时，一部专门暴露官场黑暗的力作出现了，这部小说以上自军机大臣，下至普通小吏为批判对象，全面透彻地揭露了封建社会末期极端腐朽和黑暗的官僚制度。这部小说开创了在报刊上连载的先例，取得了轰动效应，首开近代小说批判现实的风气。这部小说就是晚清最有代表性的谴责小说——李伯元的《官场现形记》。

李伯元，名宝嘉，别号南亭亭长，于同治六年（1867年）生于一个世宦之家。李伯元的祖父、父亲、伯父都是科第出身，曾在京城官居要职。李伯元从小聪颖好学，兴趣广泛，擅长制艺诗赋、绘画篆刻，而且学习非常刻苦，经常挑灯夜读。李伯元少年时期就以第一名的成绩考中了秀才，但是始终未能考中举人，却耳闻目睹了形形色色的贪官污吏。因为亲身经历，李伯元深深感受到了官场的黑暗，所以后来痛下决心通过谴责小说来对这种官场的腐败媚态加以揭露和批判。他希望自己的小说"兴利的地方兴利，除弊的地方除弊，上补朝廷之失，下救社会之偏"。

《官场现形记》以晚清官场为表现对象，集中描写了封建社会旧官场的种种腐败、黑暗和丑恶的情形。其中的人物故事多以真人真事为蓝本，只是改了真实姓名而已。曾对《官场现形记》做过较深入研究和考据的我国现代著名学者胡适曾经在此书的序言中说过："我们不能不承认这部《官场现形记》里的大部分材料可以代表当日官场的实在情形。那些有名姓可考的，如华中堂之为荣禄，黑大叔之为李莲英，都是历史上的人物，不用说了。那无数无名的小官，从钱典史到黄二麻子，从那做贼的鲁总爷到那把女儿献媚上司的冒得官，也都不能说是完全虚构的人物。"由于《官场现形记》写的多是真人真事，所以本书在官场上非常有名，而且关于本书的消息很快传到了慈禧太后耳中，慈禧太后翻着这本为官员们描形画像的书，按图索骥，整治了一些官员，但是这也是隔靴搔痒，不能从根本上改变官场的腐败本质。

李伯元像

　　《官场现形记》全书共六十回，结构安排和《儒林外史》相似，采用若干相对独立的短篇故事蝉联而下，演述一人后即转入下一人。全书从中举捐官的下层士子赵温写起，串起了州府长吏、钦差大臣、军机、中堂等官僚，揭露了他们为了升官，无所不用其极地逢迎钻营、蒙混倾轧的丑恶嘴脸。例如，第十四回中，写到了胡若华统领剿匪一事。胡若华来到严州，发现根本没有什么土匪，无从立功，于是他便自己导演了一场无中生有的"剿匪记"。他先率领大队人马，火烧村庄，抢劫百姓，奸淫妇女，再向上级奏报自己剿匪成功顺利班师的消息。这种强盗土匪的形象正是专政体制下官员们的真实面目，他们为所欲为，对待百姓如同对待蝼蚁，踩死在脚下却丝毫不动容。在这些故事里，官员们人格扭曲、道德沦丧、自私麻木，故事中所反射出的人性的堕落和异化已经到了触目惊心的地步，作家直接斥责官场为"畜生的世界"（第六十回）。而读者读完这样的作品都痛彻心扉，对书中的官吏无一不恨、无一不骂。

　　虽然官场如此黑暗腐败，但是从小说的故事中我们看到，还是有无数人趋之若鹜地奔向官场，这无疑揭露了封建专制制度的劣根性。例如，第一回中，王仁开馆教学，为了激发学生读书的积极性，他对学生说："点了翰林，就有官做，做了官，就有钱赚，还要坐堂打人。出起门来，开锣鸣道。"试想，在这样的教育思想熏陶下培养出来的学生，以后走上官场，除了祸国殃民、倾轧百姓之外，还能干出什么好事来呢？通过科举考试走上官场本来是封建社会的读书人的"光明正途"，但是"正途"尚且如此黑暗，可想而知那些暗箱操作的卖官鬻爵之事有多么丑陋不堪了。

清代任颐所绘的《酸寒尉像》，画中人物是清晚期"海派"画家吴昌硕，当时吴昌硕在上海任一小官

《官场现形记》最大的成就，就是在一个个短篇故事中塑造出了一个个鲜活的人物形象。虽然故事的篇幅都不长，但是作者能选取最有代表性、最能突出人物性格的材料加以渲染着色，使这些人物瞬间鲜活起来，例如前面提到的胡统领剿匪的故事中，胡统领实实在在当了个十恶不赦的土匪，后来还将良民指作"强盗"，想邀功求赏。事情结束后，胡统领收了钱，但是还想因为"剿匪"一事求得名声。胡统领道："现在钱也出了，我的万民伞呢？这点虚面子，他们总不好少我的吧？"周老爷道："这个自然。"胡统领道："一万银子买几把布伞，我还是不要的好。"周老爷道："叫他们送缎子的。城里一把，四乡四把，至少也得五把。"胡统领道："我不是稀罕这个，为的是面子，被上司晓得，还说我替地方上出了怎么大一把力，连把万民伞还没有，面子上说不下去。"通过胡统领的几句话，一个恬不知耻、欺下怕上、既要银子又要面子的官员形象跃然纸上。又如，第二十五回的"华中堂开店"中，军机大臣华中堂在京城开了个古董店，打着卖古董的招牌，做着买官卖官的生意，整个故事中几乎没有一个好人，但是每个坏人的形象都十分鲜活，让读者读来对故事中的人物又恨又厌。

李伯元将晚清社会的黑暗和官场的腐败看得一清二楚，通过一个个短篇故事将这些统治者的丑恶形象和肮脏灵魂暴露无遗。同时，作者这种愤慨的情绪也引起了读者的共鸣，加深了读者对清末社会现实的黑暗和作品内涵的了解，深刻地触及了晚清时期社会的主要矛盾：人民大众和封建主义的矛盾，中华民族和帝国主义的矛盾。

作为我国第一部在报刊上连载、直面社会而取得轰动效应的长篇章回小说，《官场现形记》首开近代小说批判现实的风气，而且掀起了晚清谴责小说的高潮。受其影响，其他描写商界、学界的"现形"之书也相继出现。因此，《官场现形记》在中国小说史上的地位举足轻重、不可忽略。